HiHi Jets
×
美 少年
×
なにわ男子

NEXTブレイク!

あぶみ瞬

太陽出版

プロローグ

お笑い芸人・霜降り明星が番組史上最年少でM1チャンピオンに輝いた2018年以降、テレビ界では彼らと同世代の芸人たち（EXIT、四千頭身、宮下草薙など）を〝お笑い第7世代〟と呼び、新たな時代の幕開けを予感させる存在として、毎日テレビで見ない日がないほどのブレイクを果たしている。

一方ジャニーズ事務所のアイドルたちも、第1号所属タレントのジャニーズから今年デビューのSnow Man、SixTONESに至るまで、その時代の先頭を走る〝トップアイドル〟たちが各世代を象徴する存在として輝いた。

★第1世代 ジャニーズ フォーリーブス 郷ひろみ
★第2世代 たのきんトリオ（田原俊彦 野村義男 近藤真彦）少年隊
★第3世代 光GENJI
★第4世代 SMAP
★第5世代 KinKi Kids
★第6世代 嵐

現在、天下取りは第7世代へと引き継がれ、織田信長、豊臣秀吉、徳川家康の三英傑と同じように King & Prince、Snow Man、SixTONESの3組が覇権を争い、切磋琢磨を続けていると言っても過言ではない。

そんなジャニーズ第7世代の一角に食い込むべく、虎視眈々と〝ネクストデビュー〟を狙っているジャニーズJr.たち。

彼らは『ISLAND TV』(ジャニーズJr.公式エンタメサイト)や『ジャニーズJr.チャンネル』(YouTube)を通し、この新型コロナ禍だからこそ楽しめるコンテンツをファンに提供してくれている。

「YouTubeのジャニーズJr.チャンネルでは毎週水曜日から日曜日まで、少年忍者、Travis Japan、7 MEN 侍、美 少年、HiHi Jetsの順で新作動画の配信を更新しています。かつてSnow ManとSixTONESも配信メンバーだったとはいえ、現在のチャンネル登録者数121万人、総再生回数およそ9億3千万回は、まだデビューしていない彼らの環境を考えると〝驚異的〟のひと言でしょう」(有名放送作家)

そこから頭一つ、二つ抜け出そうとしているジャニーズJr.が、HiHi Jets、美 少年、なにわ男子の3組だ。

【HiHi Jets】
橋本涼
井上瑞稀
猪狩蒼弥
髙橋優斗
作間龍斗

【美少年】
藤井直樹
那須雄登
浮所飛貴
岩﨑大昇
佐藤龍我
金指一世

【なにわ男子】
西畑大吾
大西流星
道枝駿佑
高橋恭平
長尾謙杜
藤原丈一郎
大橋和也

グループとしては、すでに単独コンサートを開催している彼らだが、個人としても『櫻井・有吉THE夜会』で高いバラエティ能力を証明した井上瑞稀、ジャニーズクイズ部のメンバーとして引っ張りだこの那須雄登、浮所飛貴。

そしてMyojoジャニーズJr.大賞『恋人にしたいJr.』2連覇中の西畑大吾、『BG～身辺警護人～（第2章）』で木村拓哉から演技力を絶賛された道枝駿佑。

いまや彼らの名前はファンのみならず、一般視聴者の間にも浸透し始めている。

「実は滝沢秀明氏がジャニーズアイランド社長に就任して以来、最も顕著な改革がタレントの売り出し方でした。それまでのジャニーさんの時代には、新人はあくまでもグループ全体でプロモーションをかけていましたが、滝沢氏はメンバー個々を優先的に売り込み、ジャニーズに新風を吹き込んだのです。Ｓｎｏｗ Ｍａｎの向井康二と目黒蓮、ＳｉｘＴＯＮＥＳのジェシーと森本慎太郎など、単独でのバラエティ番組出演がグループの知名度をさらに上げた。今、まさにＨｉＨｉ Ｊｅｔｓ、美 少年、なにわ男子も同様の戦略で売り出されている。滝沢氏の頭の中には〝メジャーデビューまでの設計図〟がキッチリと描かれているはずです」(同有名放送作家)

嵐がグループの活動を休止し、長瀬智也の退所で機能が停止するＴＯＫＩＯ。

２０２１年４月にはジャニーズ事務所に所属するタレントたちの〝テレビ勢力図〟も、ガラリと一変していることだろう。

そして、もちろんそこには、ＨｉＨｉ Ｊｅｔｓ、美 少年、なにわ男子の名前が、新たに書き加えられているに違いない――。

目次

2nd Chapter

美少年 NEXTブレイク!

HiHi Jets
×
美少年
×
なにわ男子

NEXTブレイク!

1st Chapter

HiHi Jets

NEXTブレイク!

HiHi Jetsが秘める〝大きな可能性〟

「猪狩くんのお父さんはローラーゲームのチーム〝東京ボンバーズ〟の選手でキャプテンでした。お父さんの練習について来て滑っていて、チームの代表の目に留まった。この人が光GENJIやKis-My-Ft2を指導していた縁で、ジャニーさんに〝ウチのキャプテンの息子がイケてる〟と連絡。練習を見にきたジャニーさんにスカウトされたところまでは、ファンの皆さんならご存知でしょう」

テレビ朝日『裸の少年』プロデューサー氏は、「近年のJr.には珍しい」と話すHiHi Jetsメンバーの変遷について、その〝キーマン〟は結成メンバーでもJr.歴の長い橋本涼と井上瑞稀ではなく、実は「猪狩蒼弥くんです」と明かしてくれた。

「〝数年に1人〟とも言われるスカウト組ですが、猪狩くんの場合は彼を見た瞬間、ジャニーさんの頭の中に『(グループの)5年後の完成形が浮かんだ』ほど特別な存在だったことまでは、おそらくはご存知ないでしょう。当初は4人からスタート、紆余曲折を経て最大8人から今の5人に固まったのは、ジャニーさんがその〝理想の形〟を追い求めたからなのです」(『裸の少年』プロデューサー氏)

そもそも結成披露された2015年10月、「H（橋本涼）i（井上瑞稀）H（羽場友紀）i（猪狩蒼弥）プラスJohnnys EntertainmentTeam」で〝Hi Hi Jet〟と名付けられたのだから、ジャニー喜多川さんがどんなグループに作り上げたかったのかは一目瞭然。

ライバルの美 少年が「そもそもは関西ジャニーズJr.の〝Aぇ少年〟に対抗して〝東京B少年〟と名付けられた」ルーツと較べても、Hi Hi Jetsが当初から期待度が高かったことの証明だろう。

「メンバーも『自分たちは〝Johnnys EntertainmentTeam〟だ!』という誇りを持ち、〝どうすればステージ上でオリジナリティを出せるか〟――自分たちだけでレッスン場に居残って考えたそうです。すると2016年7月にはオリジナルの4名に加えて髙橋優斗くん、作間龍斗くん、五十嵐玲央くん、浮所飛貴くんが加わり、8名になると同時に〝Hi Hi Jets〟に。ところが2ヶ月後には橋本くん、井上くん、猪狩くん、髙橋くんの4名になって再び〝Hi Hi Jet〟に戻り、さらに2018年2月、今のメンバーとグループ名で固まったのです」（同プロデューサー氏）

なるほど。確かに近年のJr.で、これほどまでに〝振り回された〟グループはあるまい。

「その間もメンバーは自分たちのカラーを追い求め、最初に行き着いたのが猪狩くん振付の〝ローラースケートパフォーマンス〟でした。それを見たジャニーさんが〝一発OK〟を出し、メンバーは自信をつけたのです」（同氏）

やがて彼らは振付だけではなく、自己紹介ラップやMCネタのアイデア、グループ曲の選曲、遂には演出まで――

『ユーたちの好きにやっていいよ』

――と、ジャニーさんのお墨付きを与えられる。

グループ結成からほんの2～3年、それもジャニーズJr.でありながら、そこまでの〝権限〟を持ったのは「タッキー以来じゃないか」とも言われている。

「その素質と才能を見抜いたのはもちろんジャニーさんですが、彼らが何よりも凄いのはキッチリと期待に応え、結果を出していること。普通は人並み以上の才能があっても、いざ〝自由にやりなさい〟と言われると多少は萎縮してしまう。これまでに帝国劇場、日生劇場、シアタークリエなどの舞台に立ち、EXシアター六本木や東京ドームシティホール、湾岸スタジオなどでライブを行っても、まず彼らが〝ビビって力を出せなかった〟ことはない。それは彼らが『来てくれたお客さんと一緒に楽しんで、超満足してもらわないと気が済まない』――というほど、ポジティブな気持ちでステージに立っているからです」（同氏）

これには他のグループのファンの皆さんから反発が上がるかもしれないが、プロデューサー氏をはじめとする〝ジャニーズ担当〟TVスタッフの多くは、昨年8月8日のジャニーズJr.東京ドームコンサートが終わった後、口々に、

「今日の勝者は圧倒的にHiHi Jets。デビューを発表したSnow ManとSixTONESには悪いけど、パワーと鮮度、溢れ出る〝野心〟が違う」

――と語っていたほどだ。

「彼らにとって、ほぼ同時期にグループが固まった〝美 少年〟の存在も大きい。それは美 少年にしてもそうですが、文字通り切磋琢磨してお互いに成長を続けている。今年もコロナ禍がなければ、ウチの『SUMMER STATION』の応援サポーターを4年連続で2組が務めるはずでした。そのコロナ禍でも2組のメディア露出は目立っているし、仮に来年デビューすれば、それこそアッという間にSnow ManとSixTONESを追い越してしまうかもしれませんよ」(同プロデューサー氏)

彼らを間近で見ている人物の評価だけに、HiHi Jetsの秘めている可能性の大きさがわかるというもの。

ジャニー喜多川さん〝最後の秘蔵っ子〟HiHi Jetsがどこまで大きく成長するのか、今から楽しみで仕方がない。

優れた〝バラエティ適性〟

実は多くの若手放送作家たちが「育ててみたいジャニーズJr.」として名前を挙げる一番人気が、圧倒的にＨｉＨｉ Ｊｅｔｓだという。

「単純に一番面白い」

「5人というメンバー数がバラエティに向いている」

「個々のキャラクターバランスの均整が取れている」

人によってＨｉＨｉ Ｊｅｔｓを評価するポイントは違うが、共通していることが一つある。

それは――

「ジャニーズJr.チャンネルを見れば、誰だってＨｉＨｉ Ｊｅｔｓと組みたくなる」

――というバラエティ適性だ。

「何も他のJr.チャンネルのメンバー、美少年やTravis Japan、7 MEN 侍、少年忍者にバラエティ適性がないという意味ではありません。たとえばSMAPも嵐も冠バラエティで成功を収めましたが、そこから流行やブーム、ムーブメントを起こすという意味では、嵐はSMAPに及びませんでした。もちろんSMAPはジャニーズがバラエティに進出、成功した元祖で、彼らに続いてTOKIO、KinKi Kids、V6とバラエティを席巻したお陰で、嵐が登場した頃には〝あらかたネタが使い尽くされていた〟不利もあります。でも嵐のバラエティには、何か新しいモノを生み出す〝熱〟を感じない。それを久々に感じさせてくれたのが、HiHi Jetsの公式チャンネルです」

若手放送作家の中で頭ひとつ抜けている売れっ子の放送作家氏は、

「特に彼らの才能を感じたのが、新しいところでは〝俳句王子〟を有識者として招いた俳句チャレンジの回だった」

——と語る。

「〝俳句王子〟とは『ヒルナンデス!』のロケ企画に不定期出演していた俳人・髙柳克弘さんのこと。史上最年少で〝俳句研究賞〟を受賞した経歴の持ち主で、動画では自由奔放なメンバーを上手く誘導し、気づけば彼らの良さが句に表れていました」(若手放送作家氏)

これはジャニーズJr.に限らずバラエティ適性をチェックする一つの手段だが、俳句のように〝季語〟〝五七五〟と決められたルールの中で自分の感性を上手く表現することが出来る者は、言葉選びのセンスと独特の世界観がバラエティのMCにハマる。

たとえば『プレバト!!』(TBS)で横尾渉や千賀健永、北山宏光が俳句タイトル戦で活躍しているKis-My-Ft2は、デビュー年から丸10年間、冠番組が途切れたことがないほどバラエティ適性が高い。

100%あてはまるわけではないにしても、一種の目安としては正しい。

「動画は前後編で『【俳句に挑戦】俳句王子が辛口ダメ出し!』『【俺たち俳人】日本の文化を学べ!』のラインナップで、最初はいかにも初心者のメンバーが、俳句王子のアドバイスでアッという間にコツを掴んでいく。その過程にはワクワクさせられました」(同若手放送作家氏)

当初はいかにも柔和な雰囲気の俳句王子に対し――

『先生怒ることはありますか?』

――と、様子を伺っていたメンバーたち。

中でも井上瑞稀は最初のお題〝アナと雪の女王〟を──

『お姉ちゃん ありのままでと 叫ぶのよ』

──と詠み、俳句王子から、

「〝お姉ちゃん〟の部分にアナのエルサに対する親しみを感じる」

──と評価され、65点の点数を付けてもらった。

「俳句王子の選評に『その通りです!』とドヤ顔で返した井上くんでしたが、それ以降も絶好調で高い評価を付けてもらいました。お題の〝HiHi Jets〟に対して『ジャニーズの 異端児野郎五人衆』──と詠み、俳句王子から〝野郎という言葉はいい言葉ではないが、自分たちが羽ばたいていくんだと鼓舞する気持ちが感じられる〟と評価されると、お題〝ラグビー〟での『三十の 大地踏み締め 響く音』──には俳句王子が唸りました」(同氏)

さらにお題〝富士山〟から――

『窓の外「あっ富士山だ」笑み漏れる』

――にはメンバーも大絶賛。

ちなみに井上以外のメンバーでは、お題〝HiHi Jets〟で1位を取った猪狩蒼弥の――

『遅すぎる 君が見てるのは 残像だ』

お題〝となりのトトロ〟1位の髙橋優斗――

『この想い さつきに届け 好きなんだ』

お題〝焼肉〟1位の作間龍斗――

『誰とでも 絆深まる ジュウジュウと』

――が目立っていた。

「ラストのお題が〝焼肉〟で、奇しくも作間くんが『絆深まる』と詠みましたが、前後編合わせて30分程度の中で俳句王子とメンバーとの間に〝絆〟が芽生えたのが、この動画の肝でしたね」(前出若手放送作家氏)

動画の締めでは俳句王子がメンバーに〝俳号(俳句用のペンネーム)〟を付けたが、それが――

橋本涼　「橋本凄いなあ」
井上瑞稀「井上異端児野郎」
猪狩蒼弥「猪狩残像」
髙橋優斗「髙橋HーJET」
作間龍斗「作間斗来(トライ)」

それぞれが詠み上げた俳句の中から、俳句王子が印象的だったフレーズから付けられた俳号だ。

今後、ジャニーズJr.チャンネルはもちろんのこと、先輩のKis-My-Ft2が活躍する『プレバト!!』にも、この俳号で出演する日が来るかも。

その時はHiHi Jetsのバラエティ能力を思う存分発揮して、大きな爪痕を残して欲しい。

すべては"HiHi Jetsのために"

「髙橋くんは『ウチは成人しているメンバーが僕しかいないから、それが逆に良かったんだと思います』——と話していました。もしメンバー全員が成人していたら、『間違いなくリモート飲みをしていただろう』——と」

テレビ朝日『裸の少年』ディレクター氏は、つい最近、HiHi Jetsのメンバーに、

「緊急事態宣言からしばらくの間、グループ内でリモート打ち合わせとかしてたの?」

——と尋ねてみたそうだ。

すると髙橋は前述の発言に続けて——

『確かに普段はメンバー同士で飲んだりしないだろうし、先輩方がリモート飲みで「お互いの理解が深まった」と言うのは少しわかります。でも会わないからこそお互いを思い合うほうが、僕は絆が深まる気がします』

そう答えたそうだ。

嵐のようにリモート配信したり、SixTONESなども「メンバー同士でリモート飲みをしていた」と公言したり、新たな生活様式を実践する先輩たちがいる一方、メンバーに未成年者のほうが多いHiHi Jetsや美 少年はどうしていたのか、気になるといえば気になる。

『もともと僕らは普段からコミュニケーションを一番に考えていて、
お互いに気持ちや感情を遠慮せずにぶつけ合うグループだから、
外出自粛中もふと思いついたことをグループLINEに上げたりしてましたね。
でもそれも最初のうちだけで、徐々に連絡を取らないようにしました。
何となくそのほうがいい感じがして……。
自分と向き合う時間をどう過ごすかが、大切な気がしたんです』

猪狩蒼弥がこう言うように、また先ほどの髙橋優斗の答えのように、コミュニケーションを大切にするグループだからこそ、それぞれが自分と向き合うことで〝HiHi Jetsに懸ける想い〟を新たにしていたという。

「郷ひろみさんの歌じゃないけど、〝会えない時間が愛を育てる〟ってことですかね。ただ一方、井上瑞稀くんのように『外出自粛中は先輩たちに連絡して相談に乗ってもらっていた』――というメンバーもいました」(『裸の少年』ディレクター氏)

『人見知りだから、連絡先を知っている先輩も2~3人しかいません。
でも普段は忙しい先輩に自分から連絡して相談とかめちゃめちゃし難かったけど、
逆にコロナのお陰で家にいることがわかっていたから、
阿部亮平くんと京本大我くんとはリモートで相談に乗ってもらってました。
2人ともすごく優しいから、嫌って言わないいんです(笑)』〈井上瑞稀〉

一方、作間龍斗は――


『逆に僕はひたすらサブスクのアプリを使って、映像と音楽にハマってましたね。

ガリさんはお笑いの動画を見まくっていたらしいけど、僕はアニメから韓流ドラマまで何でも。

変な話、明日の仕事や学校のことを考えずに映像や音楽を楽しめるチャンスって、なかなか来ないからね。

どうせ過ごすなら〝自分磨き〟に繋げたい。

自分を磨けば、ＨｉＨｉ Ｊｅｔｓも磨かれるから』

ある意味では〝出遅れた時間を取り戻す〟かのような、そんな過ごし方をしていたそうだ。

「在宅を強いられる中で、それでも『自分を磨きたい』というのは作間くんらしいポジティブさでしょう」（同ディレクター氏）

そして橋本涼は、シンプルに「趣味の幅を広げられた」らしい――。

『料理男子といえば料理男子なので、
いろんなアレンジレシピを研究したり、
庖丁テクニックをレベルアップしたり。
食材を自由に探しに行けないからこそ、工夫する楽しさも知りました。
それって直接的ではなくても、
〝いつかグループに活かせる姿勢になるんじゃないかな〟――って、
今は自分自身に期待しています』

五人五様の外出自粛期間を経て、再結集したＨｉＨｉ Ｊｅｔｓ。
仮に周囲の大人が〝目に見える成長〟を感じなかったとしても、彼らはそれぞれの内面と向き合いながら、着実に〝ＨｉＨｉ Ｊｅｔｓのために〟新しい自分を生み出そうとしていたのだ。

『伝説を作る』――メンバーの決意と確信

HiHi Jetsのメンバーが普段から――

『伝説を作る』

『唯一無二の存在になる』

――などと公言しているのは、ジャニーズJr.ファンにとってはお馴染みの言動だろう。

それを「頼もしい」と好意的に受けとめるファンもいれば、「生意気だ」と反発するファンもいるのはやむを得まい。

〝ポジティブなパフォーマンス〟の一つと好意的に感じている人が多くいる中、彼らがまだジャニーズJr.であることから「デビューが決まった時に言うべきセリフでしょう」と心配するのは、NHK BSP『ザ少年倶楽部』ディレクター氏だ。

「本人たちはジャニーズ事務所の幹部に対するアピールの気持ちが強く、また大言壮語することで〝自分たちを追い込む〟意識も強い。でもそれはジャニーズ内部の〝オフレコ発言〟としては通用しても、メディア経由でアピールすればするほど、ジャニーズに詳しくない一般の視聴者からは〝何を偉そうに言ってるの?〟としか思われない。世間はジャニーズJr.イコール〝デビュー前の研修生〟としか理解してませんからね」(『ザ少年倶楽部』ディレクター氏)

〝偉そうなセリフはデビューしてからにしろよ!〟というのが、多くの一般視聴者の意見。

だがメンバーは――

『それでいいんです。
それが狙い』

――と明かす。

『僕らを知らない、ジャニーズにあまり興味がない人のところに届いて、

「この子たちは何を偉そうに言ってるの？

大人気の先輩たちがたくさんいるのに〝伝説を作る〟とか」

……って引っ掛かってくれたら、それだけで大成功。

だって僕らがデビューした時に、

「あの偉そうに言っていた子たちがデビュー？

ちょっと実力を見てみるか？

マジにやるじゃん！」

――と思わせる自信はありますから』〈髙橋優斗〉

そう、実はＨｉＨｉ Ｊｅｔｓのドヤリ発言は、メンバーの計算によるものだったのだ。

「聞いた時は驚くと同時に〝ＨｉＨｉ Ｊｅｔｓならば本当に伝説を作れる〟気がしました。

これまでに何組ものJr.ユニット、何百人ものジャニーズJr.と関わってきましたが、いい意味で
そこまで計算しているグループは彼らだけですからね」

――と、ディレクター氏も驚きを隠せない。

『ぶっちゃけ最初は〝若気の至り系〟のノリだったんですよ。

軽い気持ちで「俺らで伝説を作ろう」──みたいな。

でも僕らを応援してくれるスタッフさんに、

「そこまで言うなら、もっとアピールして自分たちを追い込まないと」

──って言われて、考えてみたら、

「もし伝説を作れなかったら超恥ずかしくね?」……と、恐くなったんです。

それから改めて「逆にどうやって武器にするか」──を、みんなで考えた』〈猪狩蒼弥〉

『根拠のない自信でしたけど、メンバーがコロコロと変わっていく中でも、

〝将来は時代を作る。伝説のアイドルになる〟気持ちは変わりませんでしたね。

「なりたい」ではなく「なる」。

僕はそうやって間接的に、当時は〝ジャニーさんにアピールしようよ!〟派でした(笑)。

髙橋海人に「キンプリは6人でジャニーさんに直訴してデビューが決まった」と聞いていたから、
自分たちは同じことをせず、〝違うパターンで攻めてみようかな〟──と』〈井上瑞稀〉

『僕としてはそこまで大袈裟には考えてなくて、
むしろ〝口にした以上は実現させよう。じゃないと恥ずかしい〟派というか、
結構プライドが高い派です（笑）。
みんなも同じ気持ちで、それが結果的にアピールに繋がればいいし、
最低限、向上心を磨くことにはなりますから。
「デビューもしてないジャニーズJr.は大言壮語しちゃいけない」
――なんてルールもありませんしね』〈橋本涼〉

『僕が入る前からみんなそう言ってたし、
部外者ポジにいた時は単純に「そこまで言えるのはスゴい」と思って、憧れのグループでもありました。
だからいざ自分が入ることになった時は、
「最低でもパフォーマンスだけは、
〝伝説を作る〟に相応しいレベルに上げなきゃならない」――って、かなり必死でしたよ。
今ではみんなの意図もわかっているし、
僕もＨｉＨｉ Ｊｅｔｓの一員であることが誇らしいです』〈作間龍斗〉

こうして5人の本心を聞くと、ますますＨｉＨｉ Ｊｅｔｓを応援したくなる。

ファンと世間に〝一旦は嫌われるかもしれない〟恐怖を承知の上で、自分たちを追い込み、そして高めるための言動の数々。

実らなければ、すべての努力が無駄になるのだから。

ＨｉＨｉ Ｊｅｔｓが近い将来、大きく羽ばたくことを確信しつつ、〝その日〟が来るのを楽しみに待とう――。

〝クイズ番組出演〟への橋本涼の本音

8月25日にオンエアされた『そんなコト考えた事なかったクイズ！トリニクって何の肉!?』（テレビ朝日）に出演した橋本涼。

「現在はコロナ禍の影響で〝密〟を避ける収録になっていますが、もともとはスタジオにタレント10名、平成生まれの小学生から有名大学出身者までの20名、合計30名が様々なテーマのクイズに解答し、MCの浜田雅功が設定した合格ラインをクリアすると賞金獲得の権利を得る構成でした」

テレビ朝日で人気番組を多く担当する人気放送作家氏は、

「前提としてこの番組は天才小中学生とおバカなタレントの対比で笑わせる古典的なパターンで、正直なところジャニーズのアイドルが積極的に出て〝損をする〟のが疑問」

――と首を傾げる。

「櫻井翔くんの出現以降、むしろ〝高学歴ジャニーズ〟が売りになる時代。現に上智大学の大学院を卒業したSnow Man阿部亮平くんを筆頭に、美 少年には慶應義塾大学に通う那須雄登くん、立教大学に通う浮所飛貴くんが大学名を公表し、あのロザン宇治原やカズレーザーとクイズ番組で戦っている。その対極にあるのがこの番組で、橋本涼くんはまだ正解率40％台の〝劣等生〟枠に留まっていますが、完全な〝モンスター〟枠の七五三掛龍也くんなど、出れば出るだけファンを失望させる気がしてなりません」（人気放送作家氏）

お断りしておくが放送作家氏の意見はあくまでも個人的な、かつ番組制作サイドから見た意見で、決して七五三掛が〝ファンを失望させている〟のは事実ではない。

ちなみにコロナ禍以降、番組出演者がタレントのみに変更されてから出演しているジャニーズアイドルは、8月末までに出演日時順に佐久間大介（Snow Man）、七五三掛龍也（Travis Japan）、神山智洋（ジャニーズWEST）、今野大輝（7 MEN 侍）、中山優馬、元木湧（少年忍者）、橋本良亮（A.B.C-Z）、マリウス葉（Sexy Zone）、橋本涼（HiHi Jets）、高地優吾（SixTONES）、中村嶺亜（7 MEN 侍）の11名。複数出演は七五三掛の3回、橋本涼とマリウスが2回ずつ出演している。

「HiHi Jetsでは1月の従来パターンでの収録に井上瑞稀くんが参加。他にも今年に入ってからはKing & Princeの神宮寺勇太くん、Snow Manの深澤辰哉くんと目黒蓮くん。美 少年の藤井直樹くんも出演しています。毎回必ず1名ないし2名のジャニーズアイドルが出演し、最多出演はモンスター枠の七五三掛くん。それだけでも番組の意図がおわかりでしょう。とはいえ、たまに正解した時の七五三掛くんの笑顔は、極上の可愛さですけどね(笑)」

――そう言って笑う人気放送作家氏。

「そういう意味では橋本涼くんも前回(※8月25日)出演時にはキュートな反応を見せていました。番組の構成は本編のクイズ問題と無作為に当てられる〝トリニクルーレット〟の2本立てですが、橋本涼くんは本編4問中、2問の正解。ルーレットクイズも4回当たって2回の正解と、ちょうど5割の正解率でした。クイズ1問目の『富士山は何県と何県の間にある?』、4問目の『死んだと思わせるためにどんな芝居をする?』の2問で自分のパネルが〝赤(正解)〟に輝いた時のリアクションは、特に年上女子にはたまらない笑顔だったんじゃないでしょうか」(同人気放送作家氏)

それにしても実際、橋本涼自身は『トリニクって何の肉!?』出演をどう捉えているのだろう――。

『午後9時のゴールデンタイムに全国ネットの番組に出演することが出来るんだもん。
そりゃあ、少々恥ずかしくても「オイシイ」と思って楽しむしかないですよ(笑)。
しかもダウンタウンの浜田さんがMCで、
〝昭和〟の方々には千原ジュニアさんやタカアンドトシさんとか、
子供の頃からテレビで見ていた売れっ子の芸人さんがいる。
僕ら〝トリニクサーティーン〟にも、霜降り明星さん、EXITの兼近大樹さんって、
〝お笑い第7世代〟の先頭を走るメンバーがいて、
あの収録は僕がこれからテレビの世界で生き残るための〝お手本〟だらけなんです。
クイズの結果を気にするよりも、1回でも多く出演して〝勉強したい〟のが本音』

そんな橋本涼だが、前回の出演時に千原ジュニアから――

「琵琶湖は何地方の何県にある？」

――と振られ、

『佐賀県は間違いないんですよね。
佐賀県の岐阜地方……岐阜県の佐賀地方でしたっけ』

――と間違えたことは、橋本自身オンエアを見て、

『あそこだけは失敗した』

――と、反省しきりだったという。

とはいえ橋本自身が言うように――

『クイズの結果を気にするよりも、1回でも多く出演して〝勉強したい〟のが本音』

その意気で、これからも結果を気にせず、ガムシャラに学んで欲しい。
それが橋本涼、そしてＨｉＨｉ Ｊｅｔｓの未来に繋がるのだから――。

井上瑞稀が掲げる〝目標〟

昨年の6月にオンエアされた『世にも奇妙な物語 雨の特別編』以降、単独でのドラマ出演が続いている井上瑞稀。

『チート～詐欺師の皆さん、ご注意ください～』『知らなくていいコト』とスポット出演で実績を重ね、この9月からは『荒ぶる季節の乙女どもよ。』(MBS/TBS)にレギュラー出演。

さらに8月14日に公開された『弱虫ペダル』でも、物語の舞台となる総北高校自転車競技部の部員として存在感を放っていた。

「井上くんは自転車競技部の補欠部員・杉元照文役を演じましたが、永瀬廉くん演じる主人公の小野田坂道をはじめ、主力メンバーを支える献身的な縁の下の力持ちを上手く演じていました。共演の伊藤健太郎くん、竜星涼くんなど井上くんより少し上の世代で注目を集める若手俳優が揃う中、しっかりと自己アピールが出来たのではないでしょうか」(人気放送作家)

これまで『JOHNNYS' King & Prince IsLAND』をはじめとする舞台では永瀬との共演経験があったものの、〝役者同士〟としての共演は初めて。

最初は〝緊張して噛みまくり〟だったセリフも、撮影や食事を通して距離が縮まり、クランクアップの日には「ちょっと泣いてしまった」とか。


『もともと『弱虫ペダル』の原作は以前から読んでいたので、出演のお話を聞いた時は驚きと嬉しさで一杯でした。

でも自転車競技に使うロードレーサーは走らせるだけでも大変で、しかも冬の撮影はガチで過酷だったし、
皆さんとは年齢差を超越した本当の〝チームの絆〟が生まれた気がします。

あれがきっと〝部活の楽しさや喜び〟なんでしょうね。

僕は高校生の時は運動部じゃなかったので、ちょっとだけ遅れてやって来た青春っス(笑)』

――撮影当時を振り返って語る井上瑞稀。

そんな体育会系の青春とはうって変わり、文化系の青春群像劇といえるのが、この9月から絶賛オンエアの『荒ぶる季節の乙女どもよ。』だ。

こちらも『弱虫ペダル』と同じく漫画原作のドラマ化だが、舞台は自転車競技部から文芸部へと180度転換。主人公でもある2人の女子高生を中心に、文化系女子たちがどう成長していくかを描いた物語。

注目は主人公を演じる山田杏奈、玉城ティナをはじめ、横田真悠、畑芽育、田中珠里など、いわゆる〝次世代若手女優〟と呼ばれる注目株が揃ったこと。

その中で井上は山田杏奈に秘密を握られる幼馴染みを演じる。

TBSが挑戦的な深夜ドラマを送り出している〝ドラマイズム〟枠でのオンエアは、井上にとっても――

『役者として名前を売りたい。

自分の名前が売れれば、そこに〝HiHi Jets〟の名前もついてくるから』

――という目的に近づく作品になるだろう。

『たまたま本当に、この原作も別冊少年マガジンで読んでたんです。
だから僕が演じる〝典元泉〟という役が、これまでにない大役だとわかってるし、
お話を頂いてコミックのほうを何度も読み返しながら、必死に自分の中でイメージを固めました。
同年代の実力があるキャストの皆さんとこの作品に携われることは、
本当にワクワクして仕方がありません。
泉くんの真っ直ぐなところ、天然で可愛らしい部分など、
荒ぶる乙女たちに振り回される泉くんを全力で演じています。
『弱虫ペダル』の照文との〝振り幅〟を、ファンの皆さんにも楽しんでもらえたら』

役者として名前を売るためには、キラキラした正統派の王子さま役ではなく――

『この〝振り幅〟を極めていきたい』

――と、井上は語る。

『Hey! Say! JUMPの山田涼介くんが2枚目役はもちろん、コミカルな役から感動させる役、
さらには映画（『グラスホッパー』）で見せたハードアクションの殺し屋役まで、
本当に物凄い振り幅を持ってるじゃないですか。
僕はもちろん足元にも及ばないけど、作品を作るプロデューサーさんやディレクターさんに、
「井上瑞稀にこんな役をやらせてみたい」と思って頂けるような、
そんな役者を目指しているんです。
僕を知らない視聴者の皆さんにも、
「あいつ見るたびに違う役やってるけど、結構ハマってるじゃん」――と思ってもらえたら』

これからはHiHi Jetsの〝役者部門〟を担う存在になるであろう井上瑞稀。
もちろん、だからといってバラエティ番組から卒業しようなどとは思っていない。

『当たり前ですよ。

卒業どころか、まだ入学したてのレベルですから（笑）。

これからグループとしては、地上波の深夜で単独冠番組を目指します。

深夜からコツコツ、時間帯を上げていきたいですね』

井上瑞稀が掲げるその目標、そう遠くない未来に叶うはずだ――。

猪狩蒼弥が語る〝意気込み〟

『同じ日に、はしもっちゃんも出るからめっちゃ意識してたのに、
僕の出番は1分半しかなかったんですよ。
確かに僕はスタジオ処理のコーナーだったし、
他のVTRが結構長かったから覚悟はしてたけど。
最後、かまいたちの濱家さんにフォローしてもらえたのは嬉しかったけど(笑)』

先輩の風間俊介がメインMCを務める情報バラエティ番組『ひとつ利口になりました!』(TBS)に、リポーターの〝利口調査員〟として出演した猪狩蒼弥。

〝同じ日に、はしもっちゃんも出る〟というのは、『ひとつ利口になりました』と同じ8月25日にオンエアされた、先ほど橋本涼の項でお伝えした『そんなコト考えた事なかったクイズ!トリニクって何の肉!?』(テレビ朝日)のことだ。

『ひとつ利口になりました！』の番組冒頭からヒナ壇に座っていた猪狩だが、担当コーナーがオンエアされたのは、番組終了2分前からのわずか1分30秒ほど。これには本人もさぞかし悔しい想いだったに違いない。

「コロナ禍で番組収録がストップする前の（今年）3月が初放送で、今回は丸5ヶ月ぶりの第2回。猪狩くんは前回も出演していましたが、2回目ということもあり、当初はガッツリとロケに出る気満々だったようですね」

猪狩とは他局の某『裸の少年』を通して親交が始まったディレクター氏は、件の番組が終了した数時間後、恐る恐る「見ました？」と猪狩から連絡が入ったという。

「事前に収録の様子を聞いていたので、試食も含めて5分ぐらいの繋ぎのコーナーになるんじゃないかなと思ってました。ところが本当に最後の最後、スタッフがバーミヤンの社長に取材をした以上〝やむを得ずオンエアする〟……みたいな扱いになってましたね」（ディレクター氏）

8月25日、午後7時からの2時間スペシャルでオンエアされた『ひとつ利口になりました!』。猪狩は同じく利口調査員の〝ぺこぱ〟と、中華レストラン『バーミヤン』の社長が伝授する〝麻婆豆腐のおいしい食べ方〟を紹介。麻婆豆腐に杏仁豆腐をガッツリと入れてかき混ぜることで甘味と酸味が加わり、スタジオゲストの〝利口評価員〟たち、特にトラウデン直美、眞鍋かをり、上白石萌歌、奈緒の女性陣には大評判。いくらオンエア時間が短くとも、ある意味、利口調査員としての役割は果たしてくれた。

「それはそうですけど、猪狩くんはいつも『単独(個人)で出演した時は結果が欲しい』――と貪欲な姿勢を忘れないので、悔しかったのは間違いないでしょう。でも逆に、この屈辱を次のパワーに変えればいいのです」(同ディレクター氏)

〝利口調査員〟として今回、VTRロケを行った猪狩は――

『次は自分で企画を出してロケを勝ち取りたい』

――と、鼻息が荒い。

『やっぱり僕は自分がやりたいことを大人にアピールして、
「面白そうだからやってみろ」と任されるというか、期待されることが好きなんですよ。
そりゃあまだまだテレビのことはわかってないかもしれないけど、
でも〝当たって砕けろ〟って、僕らのように若い子の特権だと思うんです。
もちろん「ダメ」と言われたら素直に諦めますけど、
ダメと言われるまでは何をしてもいいと思いません？』

――意気込みを語る猪狩蒼弥。

なるほど、この〝思い込んだら猪突猛進〟の性格を、ジャニー喜多川さんは評価していたに違いない。

『この番組のコンセプトって、
「まだ世間には知られていない、とっておきの〝利口になれる話〟を求め、
さまざまな業界を調査する番組」なんですよ。
その話をはしもっちゃんにしたら、笑って――
「俺らみたいだな」
――と言うんです。
HiHi Jetsも世間一般ではまだ知られてないし、
でもHiHi Jetsのパフォーマンスを見てもらえれば、
目を釘付けにする〝自信しかない〟のが俺ら。
そんな話をしていたら自然と番組愛が育ちました』

――自信を込めてそう語る。

裏情報では年内に第3回が制作されるとのこと。

猪狩のその意気込みがあれば、次回こそきっと、ロケで本領を発揮してくれると信じている。

〝月9〟初出演で得た髙橋優斗の決意

2019年7月9日、享年87才でお亡くなりになった、前ジャニーズ事務所社長のジャニー喜多川さん。
1962年にジャニーズ事務所を創業以来、常に時代の先頭を走る男性アイドルを輩出。日本のエンタテインメント界に多大なる影響を与えた偉大なる人物であることは、ここで改めて触れるほどでもないだろう。
「生前のジャニーさんが最後にCDデビューを認めたのは、2020年1月22日にジャニーズ事務所初となる2組同時デビューを果たしたSnow ManとSixTONES、通称〝スノスト〟ということになっていますが、彼らは滝沢秀明氏がタレントを引退する以前からプロデュースしているグループ。本当の意味でジャニーさんが〝最後に育てた〟のは、HiHi Jetsと美 少年の2組。僕が言わなくてもエンタメ界隈の常識ですけどね」(テレビ朝日プロデューサー氏)
面白いのはジャニーさんがライブやコンサートでHiHi Jetsには〝セルフプロデュース〟をさせ、美 少年にはあの〝松本潤〟をアドバイザー的なポジションで噛ませているところ。

これについてはまた別項でお話しするが、いかにHiHi Jetsが特別な存在だったかは、ジャニーさんが亡くなった後の〝家族葬〟が証明している。

「ジャニーズ事務所のタレント、スタッフ、そしてごく少数の縁のある関係者を招いての家族葬では、ジャニーさんへの〝お見送りの言葉〟で少年隊の東山紀之さん、KinKi Kidsの堂本光一くんと並んで、ジャニーズJr.代表としてHiHi Jetsの髙橋優斗くんが選ばれたのです。この時はまだSnow ManもSixTONESもジャニーズJr.の立場ですから、体育会系のジャニーズ事務所だけにSnow Manの岩本照くん、あるいはSixTONESのジェシーくんのどちらかがJr.代表になって然るべき。ところが彼らではなく髙橋くんが選ばれたことで、亡くなる前のジャニーさんの1推しがHiHi Jetsだったことが誰の目にも明らかになりました」（同テレビ朝日プロデューサー氏）

これには自称〝ジャニーズ通〟の芸能マスコミも驚かされ、ジャニー喜多川さん〝最後の秘蔵っ子〟として「次のデビューはHiHi Jets」と決めつけて動く社もあったと聞く。

結果的には8月8日、スノストのデビューが発表されるわけだが。

「スノストがデビュー曲を合算で190万枚以上も売り、セカンドシングルでキンプリを上回るなど、去年の8月には誰も予想してませんでしたからね（苦笑）。ぶっちゃけ2組同時デビューと聞いて、HiHi Jetsデビューまでの〝前座〟かと思ったほどです」（同氏）

さて家族葬で〝ジャニーズJr.〟を代表した髙橋優斗だが、10年前の『夏の恋は虹色に輝く』に出演した井上瑞稀に続き、この8月にはHiHi Jetsから2人目の〝月9デビュー〟を果たす。

それが8月10日にオンエアされた『SUITS／スーツ2』第5話だった。

「全米メガヒットドラマ『SUITS』シーズン2が原作で、キャストはもちろん前作を引き継いで敏腕弁護士・甲斐正午（織田裕二）と天才ニセ弁護士・鈴木大輔（中島裕翔）のバディ。髙橋くんは第5話で天才テニス少年の高山雄哉を演じ、プロの夢を叶えるため、反対する父親との〝縁を切りたい〟と相談に訪れる役でした」（同氏）

〝バックハンドの貴公子〟と呼ばれるほど類まれなる才能に恵まれたにも関わらず、断固としてプロ入りを認めない厳格な父親。18歳未満のプロ入りには親権者の同意が必要になるため、雄哉は法的に父親と縁を切り、すぐにでもプロ入りしたいと考えて甲斐に相談する。すると甲斐はこの案件を大輔に任せるが、大輔にはかつて父親と喧嘩したまま両親が亡くなる強い後悔があり、目の前の雄哉に自分を重ね合わせ、「親子関係を修復するべきだ」と説得するのが物語の展開だ。

「髙橋くんはオファーを受けた時、『マジか⁉ 月9か!』——と驚きしかなかったと話していました」(同氏)

一般の視聴者はともかく、出演する役者、特に木村拓哉以下、ジャニーズの〝エースの証明〟でもある月9の後光はまだまだ光り輝いているのだろう。

『地上波のドラマにしっかり出演させていただく経験があまりないのに、それが超ゴールデンタイムの月9で、しかも出演者の皆さんは一流の方ばかりなので、「どんな感じなんだろう」……と少し不安もありました。

でも、自分のチャレンジしたことのない時間帯や作品に出演させていただけるのは、本心からすごく嬉しかったですね』

——心境を語った髙橋優斗。

さらに今回、先輩のHey! Say! JUMP中島裕翔とは初共演だった。

『裕翔くんは正直に言って僕らから見れば〝雲の上の人〟なので、怖くはないけどビビってました(苦笑)。
終わって言えるのは「こんなに優しい先輩はいない」――で、
ほどよくイジられたことで現場にも打ち解けさせてもらえましたし、
いろいろとフォローしてくださり、すごくお芝居のしやすい環境を作っていただきました。
それと現場では、目上の人に対して肩に腕を乗せて写真を撮る〝スーツポーズ〟で、
裕翔くんと写真を撮ったんですが、改めて写真を見てみると、
「凄いことをしてるな」――って思います(笑)』

先輩のほうから歩み寄ってくれたこと、面倒を見てくれたことへの想いを――

『いつか自分がしてあげられるように。
自分がどれだけ救われて嬉しかったかを、僕は絶対に忘れない。
だから必ずデビューする』

――髙橋優斗は改めて心に誓うのだった。

作間龍斗が手に入れたい〝武器〟

「今年に入って2回目の収録の時、作間（龍斗）くんが神妙な顔つきで河合（郁人）くんと話し込んでいたんです。最初は謹慎で先輩の河合くんや番組に迷惑をかけたことを詫びているのかと思ったのですが、それなら今年最初の収録で済ませているはずだよな……と思っていたら、いきなり河合くんが『**お前に食わせるタンメンはねえ！**』――と、次長課長の河本（準一）さんのモノマネをしたんです」

ＮＨＫ ＢＳＰ『ザ少年倶楽部』制作スタッフ氏は、その異様な光景に言葉を失ったそうだ。

「それはそうでしょう。河合くんの〝ジャニーズ物真似〟はJr.にも浸透していますし、僕も何年も前から見てきましたけど、その時は〝何で河本さん!?〟……としか思いませんよ。しかもＨｉＨｉ Ｊｅｔｓ最年少で、その時はまだ高校2年生の作間くんは、河合くんが誰のモノマネをしたのかわからなかったようで、キョトンとした顔をしてましたからね（苦笑）」（『ザ少年倶楽部』制作スタッフ氏）

一体なぜ、河合は作間にそんなネタを見せたのだろうか。

「後で河合くんに聞いてみると、作間くんが『自分はHiHi Jetsに入って1年で、まだまだオリジナリティが出せていない。河合くんから見て、どんな武器を持てばいいと思いますか?』――と悩みを相談されたものの、適切なアドバイスが思いつかなかった。だから『〝モノマネをやってみろよ〟と言って、河本さんのギャグを伝授した』――そうです」(同制作スタッフ氏)

実は河合、作間には――

『まず「井上瑞稀くんのモノマネをやります」――と前振りをして、

「お前に食わせるタンメンはねえ!」ってやる。

そうしたら〝それ次長課長の河本さんだろ〟とツッコミが来るから、

「えっ!? あの人、瑞稀くんじゃなかったの?」――ってボケる。

それでドッカンドッカン笑いが来るから』

――とまでネタを構成し、伝授したらしい。

「要するに井上くんと河本さんが〝似てる〟というネタをとっさに作り込んだわけです。ところが作間くんの反応が薄すぎて不成立。井上くんと河本さんが似てるというのも、笑えるかどうかのギリギリですしね(苦笑)」(同氏)

そもそも河合が次長課長河本のモノマネをネタにしたのも、以前から——

『作間と伊藤健太郎くんが似てるって、ファンの間でも話題らしいじゃん。

それに瑞稀が(永瀬)廉の映画で共演したんだろ?

セットでイジれる』

——と、密かに温めていたことも関係していたのだ。

「今は番組MCからお目付け役的なポジションでレギュラーを務める河合くんは、常に後輩たちの最新情報を集め、いつでも〝フリートークで使えるように〟ストックしているのです。作間くん、それに橋本涼くんが謹慎明けに〝番組にスッと戻れるように〟イジるネタも用意していたそうで、兄貴分というか〝親分〟としてJr.を仕切ってますよ」(同氏)

それにしても作間龍斗と伊藤健太郎か……。
言われてみれば似てるかも?

『伊藤健太郎さんは凄く勢いがある役者さんで、僕にしてみれば「似てる」なんて言われて申し訳ない気持ちです(苦笑)。ただ自分自身としては作間龍斗は〝オリジナルの作間龍斗〟でいたいから、ルックスが似ているとかは、光栄だけど嬉しくはないですね。生意気かもしれないけど、それが本音です』

——いや、決して生意気ではない。
作間龍斗もＨｉＨｉ Ｊｅｔｓも〝オンリーワン〟の存在なのだから。

『最後にメンバーに加わったから言うわけじゃないけど、確かに僕は他の4人と比べて特別な武器を持ってない。

でもいつも、それを手に入れようと模索しながら頑張っているし、バラエティに進出する、呼んでもらえるきっかけを何とか作りたいんです』

――そう本音を打ち明けた作間龍斗。

その〝武器〟が河合が密かに伝授した〝河本準一のモノマネ〟ではないにしろ、作間の前向きな意欲があれば、いずれ他の4人が持っていない〝独自の武器〟を手に入れるに違いない。

今は焦らず、じっくりとその武器を探しながら歩んで行って欲しい――。

橋本涼

『他のグループのJr.とも、
ライバル同士だからこそ欠点を指摘し合える関係を作りたい。
そうじゃないと、本当の〝切磋琢磨〟には繋がらないと思うから』

たとえば自分が他のグループの欠点に気づいた時には、堂々と「ここが良くない」と指摘する橋本涼。多くは「黙っておいたほうが自分たちには得だ」と考えるが、橋本は「お互いが伸びないと全体がレベルアップしないから」――だと語る。

『ファンのみんなに心配をかけた後、
自分が本当にやるべきことは、
〝内面を磨くこと〟だと思い知らされたんです。
「少しばかり知名度が上がったからといって、
成功した気になっていたんじゃないか。
本当の成功は、みんなに応援してもらえる、
それに相応しい男になることだ！」――と』

そう言える橋本涼は、これまでのどんな時よりカッコいい。

井上瑞稀

『ダメ出しの〝×印《バツ》〟って、
ちょっと角度を変えてみれば〝＋印《プラス》〟になるじゃん？
つまり「失敗にこそ、成功のヒントが隠されている」——ってワケ』

確かに〝×〟は角度を変えれば〝＋〟になる。井上瑞稀の鋭い感性から発せられたセリフだ。

『僕はドームの花道の端の端にいても、
目の前のお客さんの目を自分に釘付けにするつもりで踊ってる。
たとえ僕の隣に担当(※推しメン)がいても、
僕から視線をそらせないようにね』

続けて「でも別に〝奪う〟つもりじゃない」と笑う井上瑞稀は、「だってその場所で一番になれないようなJr.が、メジャーデビューまで辿り着けるわけがない」——と語った。

猪狩蒼弥

『「こんなことが何の役に立つんだ?」

……って自分の中に疑問が生じたら、

「こんなことも出来ない自分は、何の役に立ってるんだよ!」

――と気合いを入れてます』

時には理不尽な課題を課せられることもあるJr.時代だが、外に向けて反発するのではなく、内なる自分にエネルギーを焚きつける。それが猪狩蒼弥のパワーに繋がる。

『過去を振り返っていられないのは、
何もそんな時間が無駄だとかの話ではなく、
過去は絶対に変えられないから。
振り返る暇があったら、
未来を変える力に替えようよ』

過去の失敗を反省することも、過去の栄誉を誇ることも、
今の自分には必要がない。「向くのは前だけ」――の強い意志。

髙橋優斗

『「人に出来て自分に出来ないことはない」――という思いが、自分を動かす原動力になるんじゃないかな』

それは思い込みでも過信でもない。原動力になるからこそ〝自信〟と呼ぶのだ。

『メンバーが〝だらけてるな〟と感じたら、
すぐに自分の顔を鏡に映して見るんです。
「その顔がだらけてるかどうか」——自分で自分に問いかけるために』

1人、2人のメンバーがだらけている時は、往々にしてメンバー全員がだらけてしまっているもの。そんなことが起きないように、自分に喝を入れる高橋優斗。

作間龍斗

『〝何度失敗して躓いても、しっかりと立ち上がればやり直せる〟……みたいな話、僕は通用しないことを知りました。

失敗は一度だけ、二度目は単なる甘えだと』

昨年の謹慎処分を糧に、自分を見つめ直す作間龍斗の自戒。

『今頑張っているのは、3年後、5年後の自分のためなんです。
結果をすぐに求めてはいけない。
この頑張りが形になるのは、何年も後になるんだから』

ジャニーズJr.の活動で最も不安な〝将来〟について。作間龍斗は日々の活動を「3年後、5年後の自分のために」と考えることで、心の不安を解消する。そして、彼のその前向きな意識は、いずれ必ず〝成果〟となって自分自身に返ってくるはずだ。

HiHi Jets
×
美 少年
×
なにわ男子

NEXTブレイク!

2nd Chapter

美少年

NEXTブレイク!

初主演ドラマ『真夏の少年～19452020』

「時期的に撮影は難しいかと思われた時もありましたが、何とか1ヶ月程度の遅れで進みました。タイトルの『19452020』が意味するように、2020年の終戦記念日にオンエアされていることが必須だったので。初主演の美 少年はもちろん、終戦間際のグアム島からタイムスリップする軍人役の博多華丸さんも、かなりヤキモキされていたようです」（テレビ朝日関係者）

コロナ禍にも負けず、7月31日からスタートした美 少年の初主演ドラマ『真夏の少年～19452020』（テレビ朝日）。

それぞれに悩みや事情を抱えた青春真っ盛りの高校生たちが、終戦間際の大宮島（現グアム島）から現代にタイムスリップした元日本兵・三平三平（博多華丸）との出会いを通し、本当の幸せや自由を世の中に問いかける青春ヒューマンコメディーだ。

「視聴者の皆さんからはヤンキー、優等生、オタクを演じるメンバーたちに対し、その〝意外な演技力〟はもちろんのこと、とにかく〝美少年はその名の通りに美少年だった〟〝美少年が美少年すぎる〟〝初々しくて爽やか〟〝キラキラ感が眩しすぎる〟など、彼らのルックスレベルの高さに驚きが寄せられています」（同テレビ朝日関係者）

ヤンキー役を演じるのは、ド派手金髪の瀬名悟を佐藤龍我。

リーゼントにサングラスの風間竜二を岩﨑大昇。

令和風お洒落ヤンキーの春日篤を浮所飛貴。

優等生で生徒会長の柴山道史に那須雄登。

オタクの双子、山田明彦&和彦には藤井直樹、金指一世が扮している。

当初、キャスティングと相関図が公表された際、ファンの皆さんからは「藤井くんと金指くんが双子? 2人のお母さん役が長谷川京子さんで山田ゲルハルト節子?」と驚きの声が上がったが、しかしいざオンエアが始まると、いつしか「2人がリアル双子に見えてきた」と、シンクロ効果が表れ始める。

「それは、藤井くんと金指くんが役になりきろうとする努力が、そう見せているのだと思います」

美少年のレギュラー番組、『裸の少年』制作スタッフ氏はそう語る。

「似ているといえば、こちらも母子役の水野美紀さんと那須くんは、本当に〝実は親子でした〟と言っても信じられるぐらい、輪郭や顔面の作りが似ています。さらにこちらはキャラクターではありますけど、本来はイカついはずのヤンキー3人も、実は〝見かけ倒しトリオ〟と呼ばれ、悪さをするよりも友情を大切にする、そのアツさも〝美 少年〟というグループに通じるエッセンスになっています」（『裸の少年』制作スタッフ氏）

このドラマのオンエア中（あるいは撮影中？）にグループ初の〝20才の誕生日（9月18日）〟を迎える最年長の藤井直樹は――

『自分の十代を締めくくり、美 少年がより大きな舞台に羽ばたくきっかけになるような、そんな作品に必ずしてみせます』

――と、クランクイン前に制作スタッフ氏に宣言したそうだ。

さて、ここからは連続ドラマ初主演に意気込むメンバーたちに迫ってみよう――。

ドラマに懸ける意気込みと貴重な経験

「ロケは主に木更津と鴨川で行っているそうです。街景や商店街、魚市場は『木更津キャッツアイ』でお馴染みの木更津市。学校や海岸線、展望台のシーンは鴨川市。夏場のロケなので朝5時から8時までとか、暑さ対策も含めて頑張っていると聞きました」(前出『裸の少年』制作スタッフ氏)

この夏はあらゆる仕事の勝手が違い、いつもなら『SUMMER STATION』の応援サポーターやEX THEATER ROPPONGIでのライブでアツく盛り上がる夏だが、今はライブ配信が限界。

メンバーはそんな夏だからこそ――

『全力投球しているドラマをもっともっと盛り上げたい!』

――と、気合いが入っているという。

とはいえ中には……

『ロケは早朝で涼しいし、移動車やバス待機もエアコン付きだから涼しいって聞いてたのに、8月に入った途端の天気、なんなん?

〝猛暑日猛暑日猛暑日〟で意味わかんないんだけど。

……いやだから、ジャニーズJr.全員が「夏ダイスキ! テヘ」みたいなキャラだと思うなよ(苦笑)』

――佐藤龍我のように、記録的な暑さに音を上げる寸前のメンバーもいるが、那須雄登に言わせると、

『アイドルが好きな季節は夏じゃなきゃいけない。

何が何でも夏じゃなきゃいけない』

――らしい。

〝夏派〟なのは、那須雄登に浮所飛貴、岩﨑大昇。

〝それ以外派〟は、佐藤龍我を筆頭に藤井直樹、金指一世。

もちろんその理由は「暑い」から。

「ロケ地でも休憩や待機になると真っ先にエアコンの下に走る〝それ以外派〟と、『こんなチャンスはない』と外に飛び出す〝夏派〟で別行動になるとか。岩﨑くんなどは『コロナで見学に来る人はいないし、ビーチに行っても誰もいない。そんな贅沢な時間、東京で過ごせるわけないじゃないですか』――と言って、早朝でも海岸に向かって走り出しているそうですよ」(前出制作スタッフ氏)

そんな岩﨑、そして那須と浮所は、海岸からサーファーの姿を眺めながら、ある先輩を探しているという。

「Hey! Say! JUMPの髙木雄也くんだそうです。髙木くんはロケが行われている鴨川をホームビーチにしていて、夜中に車を飛ばして訪れては、夜明けとともに海に出ることを習慣にしている。ちなみに何で探しているのかというと、『僕らがロケをしていると知れば、きっと豪華な差し入れをくれるから』――だとか。といってもコロナ禍でサーフィンに来るわけがないので、どれだけ探しても見つかりませんけどね(笑)」(同氏)

ところが意外な〝元〟先輩が――

『**お前がロケしてんならサーフィンついでに見学に行こうかな**』

――と、浮所にLINEを入れたという。

「去年までボイストレーニングをしてくれていた、あの〝T越〟くんです。さすがに浮所くんも『**来てください！**』と返信することは出来ないので、既読スルーのままだといいますが（苦笑）。ちなみに鴨川が、何ヵ所かある〝木村拓哉くんのホームビーチ〟の一つだと聞いたメンバーは、それまで以上に真剣にサーファーチェックをしたものの、『〝**あの人じゃね!?**〟……**どころか、似てる人すらいなかった**』――と肩を落としていました」（同氏）

初主演ドラマ『真夏の少年～19452020』で、アツい夏を過ごした美 少年の6人。

この貴重な経験は彼らにとって大きな一歩となるはずだ。

櫻井翔から〝嵐の後継グループ〟への指名

「美 少年はジャニー喜多川さんが育てた最後の秘蔵っ子ゆえ、滝沢副社長よりもジャニーさんの身内であるジュリー社長のほうが、まるで〝財産として相続した〟かのように積極的に売り出しに関わっている。その前兆はすでに昨年から始まっていて、ジャニーさんがお亡くなりになっても松本潤くんに関わらせているのは、当然のようにジュリー社長の指示。来年、嵐の活動休止と共に〝一気にデビューまで持っていくのではないか?〟と、テレビ界では見られています」(テレビ朝日プロデューサー)

それは昨年の9月4日、東京ドームで行われたジャニー喜多川さんの〝お別れ会〟での出来事だった。

総勢154名の所属タレントが出席し、次々と取材陣からコメントを求められる中、マイクを向けられた数が最も多いタレントの一人、嵐の櫻井翔が意外なセリフを口にしたのだ。

「櫻井くんはジャニーさんと最後に会った時の様子を聞かれると、何の躊躇も迷いもなく『5月に後輩の美 少年のコンサートを見に行った時に』――と語り始めたのです。特に不思議ではないように感じるかもしれませんが、僕のように一種の違和感を感じた者もチラホラといたのです」

話してくれるのはジャニーズ事務所と長年に渡り親密な関係を保っている大御所放送作家氏。

「彼は頭の良い人なので、翌日のスポーツ紙に自分のコメントがどのように掲載されるか、いつも意識した上でコメントを出す。つまり〝櫻井翔がジャニーさんに会った最後の機会が、美 少年のコンサートだった〟という事実が、読者や視聴者にどんなイメージやインパクトを与えるのか？ なぜ〝後輩のコンサート〟〝Jr.のコンサート〟の言い方ではなく、具体的なグループ名を出したのか？――に注目すると、それが自分たちの〝後継指名〟に見えてくるではありませんか」(大御所放送作家氏)

すでにデビューしている後輩ではなく、さらにお別れ会の1ヶ月前、同じ場所でのコンサートで翌年の同日デビューが発表されたSnow ManとSixTONESでもなく、世間的には無名に近いジャニーズJr.。しかも〝美 少年〟という、あまりにもストレートかつ一度聞いたら忘れられない単純明快なグループ名。

嵐のスポークスマン櫻井翔だからこそ、一役買える〝売り出し戦略〟だったのだ。

「直後は10月改編の時期で、Ｓｎｏｗ ＭａｎとＳｉｘＴＯＮＥＳの露出がそれまでの彼らとは雲泥の差で増えましたが、その陰で美 少年の露出も競うように増えていきました。それを引っ張ったのが、那須雄登くんと浮所飛貴くんの、当時〝有名私立高校コンビ〟です」（同大御所放送作家氏）

奇しくも櫻井の後輩、慶應義塾高校に在籍していた那須と、立教高校に在籍していた浮所。

その時点で2人とも慶應義塾大学、立教大学に進学することが決まっていたという。

「ジュリー社長は東京六大学、あるいはＭＡＲＣＨ校レベルの大学に通うタレントについては、積極的に大学名を公表させ、高学歴のスマートなイメージを付けることを好みます。しかもそれが〝美少年〟という、知らない者が聞いても〝きっとメンバーは美少年揃いなんだろうな～〟と感じるグループに、条件に合うメンバーが2人もいる。嵐の後継グループとしてデビューさせるのは〝彼らしかいない〟と、ジュリー社長は早い時期から決めていたのです」（同氏）

ところが高学歴コンビが大学に進学する今年、新型コロナ感染ですべてのプランが白紙に戻ってしまう。

しかしクイズ番組がいち早く〝リモート収録〟を打ち出すと、その災いが福に転じ始めたのだ。

「まるで芸能の神様が美 少年の味方をするかのように、彼らの露出は逆にコロナ禍によって増えていきました。メンバー主演の連ドラのオンエアが始まると、視聴者は美 少年のキャラクターと演技力を絶賛。中でも一目見たら忘れられない金髪の佐藤龍我くんは、ちょうど2年前に加藤シゲアキくん主演の連ドラ『ゼロ 一攫千金ゲーム』に出演した際、その〝棒読み演技〟で叩かれまくられた過去がありますが（苦笑）、しかしこの2年、どれほどの演技レッスンを積んだか、その努力が一目瞭然のメンバーです。高学歴コンビ以外の伸びも、実は凄まじいのが美 少年」（同氏）

2018年にデビューしたKing&Princeはユニバーサルミュージック、今年驚異的なセールスを誇ったSnow ManとSixTONESは、それぞれavexとSony Recordsに所属している。

ジュリー社長が嵐のために設立し、現在ではTOKIOとHey! Say! JUMPも所属。関連会社にはKAT-TUN、関ジャニ∞、少年隊、KinKi Kids、NEWS、ジャニーズWESTが名を連ねる〝J Storm〟からデビューしてこそ、初めて嵐の後継者となり得るのだ。

間違いなくその座に最も近いのは、ジュリー社長が売り出しに関わる美 少年。

だが決着がついたわけではない。虎視眈々とその座を狙うのは、HiHi Jets、なにわ男子という勝るとも劣らないライバルたちなのだから――。

美 少年を育てる〝メンバー間の信頼関係〟

「早いところは3月中旬には収録を中止していましたが、4月改編の真っ只中で、そう簡単に中止することが出来ない番組も結構ありましたね。もちろん緊急事態宣言が解除されるまでは次の予定が立ちませんし、リモート収録が機能し始めたのも6月半ばあたり。特にジャニーズさんは独自の支援活動を行っていたので、収録の再開には最も慎重なプロダクションでした」(民放キー局プロデューサー)

美 少年に限らず、HiHi Jets、なにわ男子にとってもまったく初めての経験になった、コロナ禍での〝STAY HOME〟期間。

動画配信をするにしてもZoomなどネット会議アプリを使ってのリモート配信で、先輩たちの中には〝リモート飲み〟で情報を交換していたメンバーもいたようだが、美 少年はどうだったのだろう。

『外に出ちゃいけない、会っちゃいけないだけなので、
普通に連絡することまでは止められていません。
でもなぜか不思議なことに、
仕事の連絡以外は何となく「やめておこう」という気にさせられたんです。
後で思えば、余計な連絡を取らなかったことで「あいつ何してんのかな」……とか、
メンバー同士を思い合う気持ちは強くなりましたね』〈藤井直樹〉

――会えない時間がメンバー同士で思いやる気持ちを育て、絆を深めたということだろう。

『一つ感じたのは、美少年としてのキャリアは短くても、
〝東京B少年〟〝Sexy美少年〟をやってきたから、
そんなにいつも会ってコミュニケーションを取らなきゃまとまらないメンバーじゃなかったこと。
2~3ヶ月会わなくたって、どうってことがない、ちゃんと成立するグループ』〈那須雄登〉

――それはメンバー同士の〝信頼関係〟が築かれている証拠だろう。

「一方では龍我くんのように『わかったのは、僕的には〝家で仕事をするタイプじゃない〟ってこと。切り替えるのがめちゃめちゃ難しいし、仕事とプライベートの境界線を家の中に引くのは無理』——と、面白い見方をするメンバーもいました」

話してくれるのは、テレビ朝日『裸の少年』を担当する現場ディレクター氏だ。

「割とドライなのが、浮所飛貴くんと金指一世くん。顔を合わせる収録が再開しても、特に感慨のようなものはなかったようです。照れ隠しかもしれませんが『みんな大袈裟』『1年会わなかったわけじゃないのに』——などと、クールに振る舞わなきゃ〝ダサい〟とでも言いたげに(笑)」(『裸の少年』現場ディレクター氏)

最年少の金指はともかく、もしや浮所、大学生になったのに反抗期?

『本当それ!

僕みたいに素直に「〝夢見てんのかよ!?〟って、感動的な再会じゃないと』〈岩﨑大昇〉

『会えなくて〝こういうところが困った〟のは、基本的に〝反省会〟が出来なかったこと。反省会って口や言葉だけじゃなく、体の動きや姿勢とかからも〝反省の色〟が見える。それが出来なかった分、課題もそのままにしてあるから』〈藤井直樹〉

『でも会っての反省会は絶対に無理だったでしょ。白熱すると唾とかめっちゃ飛びまくりの浴びまくりだもん（爆）』〈那須雄登〉

ここまで聞いてハッキリしたことが一つ。

確かにSTAY HOME期間には満足な仕事が出来なかったし、ファンの皆さんには寂しい思いをさせてしまっている。

しかしどうだろう？

彼らは単に〝休んでいた〟わけではない。

しっかりと、そして確実に〝大きくなっている〟ことは明らかではないか——。

藤井直樹が〝パフォーマンス〟に懸ける信念

浮所飛貴が「King & Princeの平野紫耀に似ている」と言われ始める以前から、実は当人同士が「俺たち似てるかも」……と認め合っているのが、藤井直樹とKing & Princeの髙橋海人だ。

「藤井くんはジャニーズJr.に入る前から『髙橋海人くんって僕に似てない?』――と自分でも思っていたそうで、Jr.に入ってから周囲で噂されるようになり、『やっぱり似てるんだ』――と自信を持ったそうです。すると〝自分に似ている新人Jr.がいる〟ことを聞きつけた髙橋くんが、何とJr.のレッスンに現れた。それはもう、感激のひと言だったといいます」

テレビ朝日『裸の少年』制作プロデューサー氏は、昨年の秋にロケをしていた際、藤井から――

『いつか海人くんみたいになりたい。……いや、なります！』

――と、宣言されたという。

「夏の『サマパラ』が終わった後で、ロケの合間にライブの感想を話していたんです。ファンの皆さんもご承知の通り、藤井くんは小柄ですが大きく魅せるパフォーマンスを得意にしている。当時のライブを見てそれが理想形に近づいている気がして、〝藤井くんに目を奪われて視線を外せなかった〟と、僕としては絶賛したんですよね」（『裸の少年』制作プロデューサー氏）

すると藤井はプロデューサー氏に――

『スピードを重視すると振りが小さくなる。
ダイナミックを追求しようとするとコンマ何秒か振りが遅れる』

――との悩みを訴えたらしい。

「先に言っておきますが、これまでに何千人のJr.を見てきた僕でさえ、彼が言う悩みに繋がる違和感はまったく感じませんでした。ステージのたびに成長し、藤井直樹スタイルを完成させようとしている。そう言うと彼は『もしかしたら自分だけに感じる感覚なのかも……』と、さらに顔色を暗くしてしまったんです」(同制作プロデューサー氏)

プロデューサー氏は、自分の見たまま、感じたままに伝えたに過ぎない。

それ以上は確かに本人の問題だろう。

「でもだからといって、そのままスルーするわけにもいかない。すると藤井くんは『どうしたら海人くんのように踊れるんだろう』——と、自分自身に言い聞かせるように呟いたのです」(同氏)

かつて藤井はジャニー喜多川さんに——

『やっぱり踊りはユーのように元気じゃないとね』

——と声をかけられ、他のユニットから移動する形で東京B少年のメンバーに加わった。

そのひと言が後のパフォーマンスを作り上げていくのだが、ジャニーさんの言う「元気な踊り」が、藤井にとっては髙橋海人のパフォーマンスだったのだ。

『ちょうどジャニーさんに声をかけて頂いたのは、『SUMMER STATION』の応援サポーターがMr.KINGだけになった年（2016年）で、僕らも応援の応援みたいな形でお手伝いしていたんです。

その時、ステージに立つ海人くんが世の中で一番〝楽しそうに踊っている〟ように見えて、ステージ以外もずっとガン見してました』

――当時を振り返って語る藤井。

それから藤井は自分の体が小さいことを短所ではなく長所にするため、常に全力投球でスピード感とダイナミックさを融合させたメリハリのあるパフォーマンスを心掛け、認められるようになる。


『実は一方的にお手本にしているのが、なにわ男子の大西流星くん。

流星くんとは同じ匂いがするというか、目指す完成形が似てる気がするんですよね。

「パフォーマンスで魅了したい！　勝負したい！」――って気持ちも』

ちなみに大西流星はその完璧なアイドルぶりで〝大西プロ〟と呼ばれているが、お手本にしているなら藤井直樹も〝藤井プロ〟と呼ばれてみたい?

『あっ、それはいいです。

ぶっちゃけ、あまり褒められている気がしないし(苦笑)。

僕は単純に、常に自分のベストパフォーマンスを皆さんにお届けしたいだけですから』

強い探求心と曲がらぬ信念。

藤井直樹のようなタイプこそ、まさにパフォーマンスでみんなを引っ張る貴重な存在なのだ。

那須雄登がリベンジを期す〝ジャニーズクイズ王〟への道

「収録が終わり、トイレに入ったら那須くんが少し泣いていたんです。最初はQさま!!軍団に勝った嬉し涙かと思ったんですが、どうも様子がおかしい。そこで聞いてみると『何でもありません』と言うものの、ポツリポツリと理由を話してくれました」（テレビ朝日ディレクター氏）

8月10日にオンエアされた『Qさま!!ついに実現！ 高学歴ジャニーズ軍団vsQさま!!軍団マスドリルで激突スペシャル』（テレビ朝日）に出演した、ジャニーズクイズ部のメンバーたち。

この『Qさま!!』はじめ、数多くのクイズバラエティで活躍するSnow Manの阿部亮平をリーダーに、Travis Japanの川島如恵留、美 少年の那須雄登、浮所飛貴、さらに7MEN侍の本高克樹、Aぇ! groupの福本大晴ら、東西ジャニーズ屈指の高学歴メンバーで結成されたジャニーズクイズ部。

なんとテレビ初登場ながら、カズレーザー率いる〝Qさま!!軍団〟とガチンコ対決を繰り広げた。

「『Qさま!!』では詳しく解説しませんでしたが、もともとはジャニーズJr.公式エンタメサイト『ISLAND TV』でクイズ企画がスタートしたことがきっかけで、このクイズ部まで発展しました。すでに大学は卒業していますが、気象予報士資格を持つ阿部くん、宅地建物取引士資格を持つ川島くん。さらには那須くんと浮所くん以外にも、早稲田大学創造理工学部の本髙くん、大阪府内の国公立大に通う福本くんと、現役大学生Jr.もかなりのメンバーです」（テレビ情報誌記者）

対するQさま!!軍団は、リーダーのカズレーザー以下、石原良純、伊集院光、宇治原史規、弘中綾香アナウンサー、そして乃木坂46の山崎怜奈と、今考えられる番組最強の布陣。普通に考えれば、いかにジャニーズクイズ部といえども勝ち目は薄い。

「それが阿部くんと川島くんの大活躍で、最終問題ではカズレーザー、宇治原さん、良純さん、伊集院さんを撃破。正直に言って驚かされましたし、那須くんが嬉し涙を流すのも無理はない――と思ったのですが、実際には少し違ったのです」（同テレビ朝日ディレクター氏）

那須の涙、それは嬉し涙とは正反対の〝悔し涙〟だったのだ――。

『まだ高校生の時に収録に参加して、それまでは隠していた学校名を公表して、〝4月から慶大生〟っていうテロップまで付けて頂いたんです。

でも本番は散々で、自分でも恥ずかしくなるようなミスをしたり。

オンエアされたのは4月(20日)だったんですけど、ネットでめちゃめちゃ叩かれました。

僕だけじゃなく学校まで……』


――そう明かした那須雄登。

それゆえ今回の対決では、必ず名誉を挽回するつもりで臨んだそうだ。

ところが収録では、なかなか思うように実力を出せない。


『ハッキリ言って阿部くんと(川島)如恵留くんの2人で勝ったようなもの。

誰だってそう思ったんじゃない?

だから〝自分自身〟に対して怒りと悔しさしか沸いてこなかったんです。

気づけば自然と、人に見られないところに足が進んでいたんです(苦笑)』

——それがトイレだったのか。

「今や現役大学生、大卒ジャニーズは珍しくありません。上智大学大学院理工学研究科を修了し、気象予報士資格を持つ阿部くんは、自ら〝ライバルが現れることを想定して〟カズレーザーが主催する『クイズ勉強会』に参加。どんなオファーが来ても応えられるように自分を磨いている。阿部くんは今回の収録で『仲間がいてくれて心強かった』——と話していたそうですが、那須くんや浮所くん、本髙くんにしてみれば、その阿部くんの壁を乗り越えなければ番組オファーの優先順位は低い。クイズ部を結成し、口々に『これがスタート地点。今後もっと活躍していきたい』——と意欲を明かすメンバーでしたが、那須くんのように〝自分の失敗は自分で取り返す〟強い気持ちを胸に乗り込むメンバーのほうが、そこにリベンジのドラマを感じて注目したくなります」(前出テレビ朝日ディレクター氏)

那須雄登にとって、それは長い長い挑戦になるかもしれない。

しかしその望みを果たした時、彼はジャニーズクイズ部の〝ワン・オブ・ゼム〟ではなく、オンリーワンの〝ジャニーズクイズ王〟に君臨することになるだろう——。

浮所飛貴に求められる〝タレントスキル〟

「浮所くんの場合、フリートークにまだ弱点がある。まだ落ち着いて喋れないというか、舞い上がって暴走してしまう。これから真っ先に鍛えなければならないのは、クイズではなくトークでしょう」

ジャニーズ関連の番組を数多く担当する売れっ子放送作家氏は、「ここ数年、タレントに求められる武器がより高度になってきた」と前置きをして「アイドルだろうと何か一つでも武器を持っていないと、新鮮味が失われるとオファーが来なくなる」と話す。

バラエティ番組は〝出て、騒げばいい〟現場ではないのだ。

「浮所くんの弱点、フリートークが苦手で舞い上がってしまうところが、よりによって〝あの番組〟で露呈してしまったんですよ」（売れっ子放送作家氏）

それがこの7月にオンエアされた、日本テレビ『ダウンタウンＤＸ』への出演だった。

「美 少年からは浮所くんの他に那須くんと岩﨑くん。そしてHiHi Jetsからは猪狩くんと作間くんが出演しました。実はHiHi Jetsのほうは髙橋くんが出演して3対3になる予定でしたが体調不良で欠席し、A.B.C-Zの河合くんが〝紹介役〟で代打を務めたのです」(同売れっ子放送作家氏)

しかし結果的にはこの代打器用が大失敗。

河合が仕切って『もっと売れたい! ジャニーズJr.自己PR合戦』と題したコーナーを行ったのだが、ここで浮所が必要以上に〝張り切って〟しまったのだ。

「浮所くんはグループの魅力を尋ねられると『顔面偏差値の高さ。ここまでイケメンが揃ったグループはない』——と答え、さらに『花にたとえると美 少年は薔薇。HiHi Jetsは雑草』——と、余計なことまで口走りました。まず〝自分たちがイケメンでどうこう〟……というのは、一般視聴者が評価すること。さらにHiHi Jetsのことを落とすトークも、2組の関係性を知らない視聴者にすれば、〝口の減らない、生意気なアイドル〟の印象しか残さない。ファンだけに囲まれたコンサートで叩く軽口を、テレビの前で叩いてはいけないんです」

さすが、売れっ子放送作家ならではの指摘。

『あの回はHDに録画して、今も月に何回かは見直しています。
マジに〝反省〟のひと言だし、これから何十年先までも、
自分を戒めたり初心に返るためにずっと保存します。
僕はどうしても自分を狙っているカメラの〝赤いランプ（そのカメラが撮影中の印）〟がつくと、
「面白いことを言わなきゃ！　これは全国ネットの超メジャー番組なんだぞ」――って、
頭の中でパニクってしまう。
ＨｉＨｉ Ｊｅｔｓを貶める気持ちはまったくないし、
むしろＪｅｔｓがいないと美 少年もいないほど、最高のライバル関係なので。
とにかく今は、落ち着いて、パニックにならないように〝心〟を鍛えていきたいです。
テレビの前の皆さん、誰もに楽しんでもらえるように』

――浮所はそう言って〝反省しきり〟の本心を明かした。

最近、一般視聴者からは「平野紫耀くんに似てる。顔だけじゃなくハスキーボイスも」と注目される浮所飛貴。

クイズ番組以外でも自分を見つけてくれる視聴者が増えることは嬉しい限りだが、しかし反面、一からタレントスキルを磨いていかないと、その注目が〝本当の応援〟に繋がるケースは少ない。

これからは深呼吸をして収録に臨み、ルックスだけではなく発言も〝美少年〟でいこうではないか――。

岩﨑大昇に用意された〝とんでもない演出〟

「岩﨑くんは中学1年生でジャニーズJr.入りしましたが、すぐに歌声と歌唱力を認められ、半年も経たないうちに最初のHiHi JETメンバーとしてMyojoの誌面にも掲載されました。しかしそれが〝ジャニーさんあるある〟のパイロット版（※試作版）だったようで、掲載数日後の結成披露からは外されていました。ちなみにHiHi JETが最初に〝HiHi Jets〟と改名した時、8名のメンバーには浮所くんの顔も。これまた〝ジャニーさんあるある〟で、2ヶ月後には再びHiHi JETに戻り、浮所くんの姿もありませんでした」（某アイドル誌ライター）

Myojo誌の取材日から掲載日までの、おそらくは2ヶ月弱の期間、幻の「3人目の〝i〟」だった岩﨑大昇。

とはいえ一度は認められた歌唱力はその後もジャニーさんに気に入られ続け、先のアイドル誌ライターに言わせると、

「世間的にはジャニーさんの〝お気に〟は龍我くんと思われているかもしれないけど、僕らから見れば間違いなく大昇くんだった」

――の評判だ。

「『真夏の少年 19452020』のテロップに最初に名前が挙がるのは岩﨑くんで、一瞬、50音順で続くのかと思いきや、次は浮所くんではなく佐藤くん。つまり制作サイドにすれば、この2人が〝W主演〟と見ているのです」

話してくれたのは、テレビ朝日のバラエティ番組を多く抱える人気放送作家氏だ。

「今年の6月に退所というか事実上の解雇でジャニーズ事務所を飛び出した手越くんが、辞めてからもしばらく自分とジャニーさんの間にあった信頼関係、誰よりも自分の歌を認めてくれたように話してますが、それはNEWSとしてデビューをした2年後、テゴマス結成前の話です。しかし岩﨑くんは、彼がJr.に入所してからジャニーさんが亡くなるまで、ずっとジャニーさんに『ユーの歌はサイコーだよ』――と何度も何度も褒められていた。それを比較すると、明らかにジャニーさんからの期待度は岩﨑くんのほうが上でしょう」(人気放送作家氏)

そんな岩﨑、そして美 少年が大トリを務めたライブ配信コンサート『Summer Paradise 2020』。

そこで用意された〝とんでもない演出〟が、予期せぬ効果で岩﨑の名前を売ることになった。

「コンサートにはソロコーナーがあり、たとえば金指一世くんがJr.をバックにアクロバティックなステージで魅せましたが、歌唱力を認められる岩﨑くんは、最も効果的にアピールすることが出来るバラードを歌い上げました。それだけの話ならば〝よかったね。上手かったよ〟で終わるところ、何と彼はステージの小道具演出にジャニーさんの〝遺品〟を使ったのです」(同人気放送作家氏)

岩﨑が選曲したのは、これまでCD音源化されていない少年隊『ｆｉｎ．』で、今はライブでしか聞くことが出来ない。

ステージ上に置かれた椅子に座って歌い出す岩﨑だったが、茶色のブランケットがかかったこの椅子こそ、実は稽古場でジャニーさんが愛用していた椅子なのだ。

「間違いなくエンタテインメント界の財産であり、博物館クラスのお宝。確かにジャニーさんが愛してやまないジャニーズJr.のイベントとはいえ、芸能界的には〝単なる研修生〟の一人がステージ本番で使うとは……。間違いなく岩﨑くんが〝ジャニーさんのお気にであった〟その確実な証拠。加えて岩﨑くんと美 少年がジュリーさんのお気にでもあるから、ここで使わせてもらえたのでしょう」(同氏)

その岩崎大昇、そして佐藤龍我。

HiHi Jetsの猪狩蒼弥に作間龍斗。

なにわ男子からは道枝駿佑と長尾謙杜。

彼らこそが次代を担うべく、ジャニーズJr.から羽ばたこうとする黄金の〝02 line〟だ。

今は客観的に見てリードするのは道枝でも、そのすぐ後ろに音もなく迫る岩崎ならば、いつ抜き去ってもおかしくはないだろう——。

〝役者・佐藤龍我〟にとって最良の出会い

『真夏の少年 19452020』で終戦間際の元日本兵、三平三平（みひらさんぺい）を演じ、美 少年のファンからも「いつも感動させられる」「ドラマが終わってからもメンバーのお父さんでいて欲しい」と絶賛されているのが、お馴染み博多華丸さん。

1990年に大学の後輩でもある博多大吉さんとコンビを結成。福岡県を中心とした九州では〝知らぬ者がいない〟ほどの売れっ子芸人となり、2005年に東京へ進出した。つまり今年で芸能生活30周年、福岡と東京で15年ずつ活動した二重の節目を迎えたのだ。

「華丸さんのお嬢さんは女性アイドルグループ〝さくら学院〟に所属していた元アイドルで、女優やモデルもこなし、さくら学院卒業後は海外に留学。昨年はあのBABYMETALの世界ツアーに日替わりのサポートダンサーとして起用されました。華丸さんが何も語らないので誰も聞きませんが、2003年3月3日生まれの17才とまだ若いので、近い将来、再び芸能界で活躍すると思います」

（アイドル誌ライター）

さて、なぜいきなり華丸の経歴から娘の話に飛んだのかというと、勘の良い読者の皆さんはすぐにお気づきの通り、彼女は佐藤龍我、岩﨑大昇と同学年。

「もちろん海外留学していた彼女が同級生のわけがありませんが、華丸さんが龍我くんや大昇くんに話しかけたきっかけは、『ウチの次女と同い年ばい(※博多弁)』——だったそうです」

『真夏の少年 19452020』現場スタッフ氏は、佐藤が華丸と話し込んでいる姿をたびたび目撃し、「どんな話をしてるんだろう?」と、興味本位で佐藤に尋ねてみたそうだ。

すると佐藤は——

『娘さんの話。僕と同い年だから。

でも僕には女子の気持ちはわからないから「女子チームに聞いてみたら?」と言ったんです。

そしたら「娘にも話しかけられないのに他人様のお嬢さんには声かけられん」——って、

恥ずかしそうに。

めちゃめちゃ可愛いでしょ(笑)』

——と、教えてくれたそうだ。

そして佐藤は華丸について――

『いつも自然な、空気のような芝居をされる方。
一緒にやっていて楽しいし勉強になる。
たまに本物の三平さんに見えるんですよね。
そもそも〝本物〟といえば〝本物〟ですけど（笑）』

――笑いながらそう話したとか。

佐藤はヤンキーの悟役についても華丸に――

『漫画とか見たり、ネットでも調べたんですよ、〝ヤンキーとは？〟……みたいに。
あとちょうど『ごくせん』の再放送をしていたから、
ジャニーズの先輩たちのヤンキー演技を研究しました』

――と、役作りの相談をしたそうだ。

するとと華丸は、佐藤が想像もしていなかったアドバイスを与えてくれたのだ。

『華丸さんはまず「このドラマに限ったことではないけど」──っていう前フリで、
「自分がどれだけ心を込めた芝居をしているつもりでも、
それがテレビの前の視聴者さんに伝わらなければ意味がない。
だから一生懸命やるのは当たり前でも、
やっぱり1からいろんなテクニックを学ばなければならない。
もちろんこれからテクニックを学ぶ時間はないだろうし、
そういう時はスマホに自分の演技を録画して、次の日に見返してみること。
間が一日空けば、自分でもビックリするぐらい冷静にチェック出来るから」──って。
それぐらいならすぐにやれるし、やってみたら、
確かに華丸さんの言う通り、自分のお芝居の欠点がいろいろと見えました』

──と話す佐藤にとって華丸は〝師匠〟と呼べる存在のようだ。

『もしかして僕を〝ノセて〟いるだけかもしれないけど、華丸さんに悩みを打ち明けてアドバイスを頂いた後は、それまで以上に僕の芝居を褒めてくださるんです。特に自分が〝(今の芝居で良かったの?)〟……と悩んでいる時は、すぐに気づいてくれる。華丸さんに「心配しなくていいよ。この作品は絶対に面白いから」——と笑顔で背中を押されると、なぜか自信が湧いてくるんです。僕はドラマが終わっても華丸さんのお世話になる気満々ですから(笑)』

博多華丸との共演は、〝役者・佐藤龍我〟の将来にとって大切な出会いとなったようだ——。

金指一世の〝後悔〟と〝成長〟

この夏ライブ配信された『Summer Paradise 2020』の舞台裏が、美 少年、HiHi Jetsら出演グループ別にYouTubeジャニーズJr.チャンネルにアップされている。

皆さんも何十回もご覧になっているに違いない。

「大トリを飾った美 少年のドキュメント動画を見て、2018年と2019年の『SUMMER STATION』を担当した者としては、この年代の少年たちの急激な成長には驚かざるを得ません。あの金指くんが、もうすっかり〝お兄ちゃん〟の顔をしていましたから」

そう話すテレビ朝日担当者氏は2015年にMr.King vs Mr.Princeを応援サポーターに初起用して以来、昨年までずっとイベントを支えてきた人物だ。

「金指くんは2016年6月にジャニーズJr.に入所、2017年4月に美 少年（東京B少年）6人目のメンバーとして加入しました。入所して間もなくジャニー喜多川さんの目に留まり、2004年2月9日生まれの最年少ながら、最年長の藤井直樹くんとシンメを組んでます」（テレビ朝日担当者氏）

当時から金指一世は多くのJr.たちの〝群れ〟から早く抜け出す術を模索し、自分なりにアイデアを捻り出しながらレッスンと向き合っていたらしい。

しかし結果はそう簡単には出ないし、周りを見渡してみると、ジャニーさんは何人ものJr.を〝その気にさせる〟ように褒め称えている。

いつしか自分にかかる声は減り、理由もわからず乱暴な口調や態度で訴えるしかなかったという。

『ハッキリ言って、単なる子供です。

別に暴力を振るうわけじゃないけど、

周囲とあまり上手くいかなかったのは事実ですね。

恥ずかしい……。

ガチに後悔してます』

――当時を振り返る金指。

そんな金指について、もちろん才能を認めていたジャニーさんは、教育係として藤井直樹を指名したのだ。

『レッスン中にジャニーさんに呼ばれて、直接「ユーに任せるよ」——と言われました。
あの頃の金指は完全に反抗期だったから、
何か気に食わないことがあると態度や表情に全部表していた。
僕は金指に「自分が損するだけだ」——って、粘り強く話しましたね』〈藤井直樹〉

『藤井くんは——
「お前は才能があるんだから、悪目立ちする性格を直せ。
欠点を周りに知られたら、つけ込まれるだけだぞ」
——と言って、面倒を見てくれました。
僕が藤井くんを信頼したのは、
「でも焦ってすぐに直そうとしなくてもいい。
直したい意志があるなら、お前のペースでゆっくりと」
——と、何も強制しなかったからです』〈金指一世〉

「藤井くんは藤井くんなりに、金指くんを分析して〝性格としてはマイナス（短所）だけど、何かのきっかけで逆にプラス（長所）になる可能性〟を感じていたようです。番宣番組でスタッフから注意されて膨れっ面になる金指くんを、藤井くんは『お前が将来スーパーアイドルになるために必要なこと、それを教えてくれただけじゃん。キンプリもここ（の現場）で実習して、それでジャニーさんが〝デビューさせるタイミングだ〟と決めたんだぞ』――と言って諭していました。当時は〝優しい先輩だな～〟としか思ってなかったけど、今の美 少年を見ていると、藤井くんの育成術の賜物だと思います」（前出テレビ朝日担当者氏）

ところで冒頭、このテレビ朝日担当者氏が、

「この年代の少年たちの急激な成長には驚かざるを得ません。あの金指くんが、もうすっかり〝お兄ちゃん〟の顔をしていましたから」

――と言ったのは、どういう意味なのか。

「YouTubeをご覧になった皆さんはとっくにおわかりでしょうが、金指くんがソロコーナーでバックを務めてくれるちびっこJr.の控室を訪ね、本番前に『今日はありがとう。よろしく』――と差し入れをしたんです。以前の金指くんなら〝先輩のバックを務めるのは当然〟と考え、差し入れをすることなど思いつきもしなかったでしょう。それが今は様々な経験を積み、感情をコントロールする方法もある程度は掴んだ。これならジャニーさんが期待した才能が開花し、より高度なパフォーマンスを身につけてくれるに違いありません」(テレビ朝日担当者氏)

成長するに従い、SexyZone・佐藤勝利くん系のイケメンに成長してきたと評判の金指一世。

『真夏の少年19452020』でも、ドラマが初めてとは思えない演技力を発揮。

いわゆる〝正統派のイケメン〟ゆえ、数年後には役者として大きく開花しているかもしれない――。

藤井直樹

『去年までは「自分は〝あのジャニーズJr.〟だ」って、それだけで満足してる子が多かったけど、今は本当にみんな必死で頑張ってる。コンサートがなくなってアピールする場もめちゃめちゃ減ったからか、みんな目の色が変わってきた。変かもしれないけど、それが嬉しい。だって僕らも、下の子を跳ね返すことで成長が出来るから』

美少年の最年長メンバーだけに、常にジャニーズJr.全体の状況をチェックする藤井直樹。下からの突き上げが〝嬉しい〟のは、自分たちに対する自信の証し。

『番組スタッフさんに「出来る？」と聞かれたら、
絶対に「ハイ！」と答えること。
自信なんて関係ないし、
苦手なことでもやり方はあとで考えればいい。
だって自分たちが先に手を挙げなければ、
その仕事は他の誰かに回っちゃうんだよ』

〝出来るか、出来ないか〟は関係ない。番組スタッフに積極性とやる気を見せなければ、そのうち視野から外されてしまう――。藤井直樹が感じた〝恐怖〟は、実は正しい選択を導き出している。番組スタッフが求めているのは、彼らの積極性に他ならないのだから。

那須雄登

『先輩のアドバイスを素直に実行するだけのJr.は平均点しか取れない。
先輩のアドバイスに工夫を加えることが出来るJr.だけに、
100点を取る可能性がある』

さすが高学歴Jr.たる思考力の持ち主。那須雄登が語る〝工夫〟こそが、唯一無二の〝オリジナリティ〟を生み出すのだ。

『努力なんてさ、Jr.はみんな言われなくてもやってるよ。
もちろん程度の差はあるけど。
大切なのはその努力の上に〝辛抱〟を重ねること。
そうすればいつか、
心の中にビシッとそびえる1本の棒になってくれるから。
心の棒、〝心棒（しんぼう）〟にね』

なかなか上手い語呂合わせだが、確かに1本の棒（……というか柱？）がそびえ立つメンバーは、ちょっとやそっとじゃめげない。努力の上に辛抱か――。なるほど、なかなか含蓄ある深い言葉ではないか。

浮所飛貴

『小さい夢を見ても仕方がない。
すぐに叶えられる夢は、単なる身近な目標。
なかなか手が届かない、
大きければ大きいほど、
僕が見る価値があるんですよ』

「僕が見る価値がある」と言えるところに、浮所飛貴の〝価値〟がある。彼が今、見ている夢とは？

『みんな100点を目指して勉強しているから、
80点止まりしか取れないと自分の限界を感じてしまう。
だけど100点じゃなく〝自己新記録〟を目指して勉強すれば、
いつか100点に辿り着く。
考え方一つで結果も変わるんじゃない？』

ジャニーズには珍しい立教大学生の浮所飛貴。ミッション系の洗練されたイメージ通りの（？）学習術ではないか。そして、これは一つの〝浮所流人生哲学〟でもある。

岩﨑大昇

『これは決して自分を〝甘やかす〟意味じゃないんだけど、僕は絶対に自分を自分で〝否定〟しない。「自分なんか……」とか、「自分には無理……」とか、成長の妨げにしかならないもん』

実は自分自身を否定しない、肯定し続けることは意外に難しい。岩﨑大昇の勇気あるセリフは、彼の心の強さを表している。

『キツいレッスンやリハーサルで追い込まれて掴んだもの、勝ち取ったものこそ、僕にとっては何よりの財産。だから厳しい道、険しい道を選んできたつもり』

メンバー内ではハイテンションなボケ役の岩﨑大昇だが、その裏にはファンには見せないストイックな素顔が隠されているようだ。

佐藤龍我

『もし自分がセリフや振りを間違っても、
顔に出さず、後ろに下がらず、誰よりも堂々と胸を張る。
そうすれば僕じゃなく〝周りが間違えた〟と思ってもらえる。
——らしいです(笑)』

舞台の真髄を滝沢秀明ジャニーズ事務所副社長に叩き込まれた中で、コッソリと耳打ちされたのがコレ。何よりも存在感で「そのシーンを支配しろ」——の教えだとか。

『去年までは松本潤くんにご飯に連れて行ってもらって、そのたびに、
「お前が行きたい方向にみんなを引っ張れ。
それがエースの役割だ」――と、励まして頂きました。
今年は一度も行けてないから、どう見られているのか不安です。
最近はクイズ部ばっか注目されて、僕が引っ張られてますから(笑)』

口ではそう言いながらも、実際には「メンバーそれぞれが売れてきたことが何よりも嬉しい」と笑う佐藤龍我。「まだ自分たちがどこに向かうかはわからないけど、常に先頭に立つ覚悟は出来ています」――と力強く語る。

金指一世

『「努力とは今のユーを変えることだよ」――って、
ジャニーさんに言われたセリフを永遠に守りたい。
僕を美 少年の最後のメンバーに選んでくれたんだもん。
その期待には絶対に応える!』

最年少メンバーの金指一世は〝成長著しい〟注目メンバー。
当時の東京B少年に加入してから3年が経ち、彼はその名の通り、一世を風靡する存在へと羽ばたけるのだろうか。

『「悔しかったり辛かったりした時は、
ガマンせずに泣いたらいいんだ」
――と、教えてくれた先輩がいたんです。
「泣くことは恥ずかしくない。
でも泣いて、そこから逃げ出すことは恥ずかしい」――って。
すごく気持ちが軽くなりましたね。
だって逃げ出す気なんてありませんから』

〝東京B少年〟時代、金指一世がSnow Manの岩本照にかけられた言葉。慣れない舞台稽古のプレッシャーを、岩本照が救ってくれたのだ。

HiHi Jets

×

美 少年

×

なにわ男子

NEXTブレイク!

3rd Chapter

なにわ男子

NEXTブレイク!

関西ジャニーズの〝絆〟と〝リアル〟

9月10日にオンエアされた、NHK大阪放送局制作のスペシャル番組『浪花から未来へ —ぼくらが駆け抜けた夏 2020—』。

せっかく日本中どこでも見られるNHK総合（地上波）なのに、残念ながら関西ローカルでの放送だった。

「視聴者からのリクエストが貯まれば、そのうち各地域のローカル放送でオンエアされる日が来るでしょう」

関西圏のテレビ局、ラジオ局で活躍するベテラン放送作家氏は、関ジャニ∞の大倉忠義から——

『なにわの日は絶対に空けておいてくださいね』

——と連絡をもらい、会場のバックパスが用意されていたという。

「7月28日は〝な（7）に（2）わ（8）の日〟で、関ジャニ∞とジャニーズWEST、さらにはなにわ男子、Lil かんさい、Aぇ! groupを擁する関西ジャニーズJr.まで、総勢70名以上で『Johnny's DREAM IsLAND 2020→2025 ～大好きなこの街から～』と題した無観客ライブ配信を行いました。タイトルにある〝2025〟とは大阪万博が開催される年で、このタイトルは大阪・関西万博 有識者委員でもある大西流星くんの命名です」（ベテラン放送作家氏）

名だたる先輩たちを抑え、まさかJr.の大西が一大イベントのタイトルを付けるとは。

まさに今、なにわ男子は時代の風に後押しされていると言わざるを得まい。

「番組はイベントに密着し、無観客ライブ配信の裏側に迫りました。ジャニーズの密着モノといえばフジテレビの『Ride On Time』が知られていますが、密着は時として〝見たくない姿〟を映し出すこともある。その点、ライブがメインで、配信中には見られなかった舞台裏に迫ってくれたのですから、なかなか貴重な番組といえるでしょう」（同ベテラン放送作家氏）

番組の特別企画として関ジャニ∞、ジャニーズWEST、関西ジャニーズJr.代表のなにわ男子からそれぞれ1名が〝3世代座談会〟に参加、貴重な意見を戦わせてくれた。

ここでは代表して、なにわ男子・西畑大吾の公式コメントをお届けしよう――。

〈なにわ男子・西畑大吾〉

『関西ジャニーズのメンバーとして、関西ジャニーズJr.として、なにわ男子として、
2020年から2025年に向けて、
関西ジャニーズの絆や縦の繋がりと関西ジャニーズのリアル。
今回特集していただけることで、我々が大事にしてきている想いを
皆様に感じていただけると嬉しいです』

またこの夏は〝なにわの日〟以外でも、大阪松竹座からの配信公演をそれぞれのグループが出演して10公演行った関西ジャニーズ軍団。

関西、特に大阪はコロナ禍の真っ最中に様々な話題を提供してくれたが、こうして彼らがエンタテインメントで与えた〝光〟により、確かに関西は〝ひとつ〟になるのではないか——そう信じてこれからも見守りたい。

なにわ男子が『メンズ校』で得た経験

コロナ禍でその制作と先行きが不安視されていた、なにわ男子主演の10月クールドラマ『メンズ校』(テレビ東京)が、クランクインから順調に撮影を進めているという。

ドラマは和泉かねよしによる同名コミックの実写化で、徒歩での脱出がほぼ不可能な全寮制の名門高校〝私立栖鳳高校〟を舞台に、頭の中が〝金〟〝メシ〟〝女子〟の『三種の神器』で溢れる男子高校生たちの、ひと夏の青春を描く物語。

もともとは〝ひと夏の青春〟に相応しい7月クールのドラマだったが、新型コロナウイルス感染拡大の影響で撮影中止。放送も無期限で延期されていた。

しかしドラマ現場でも新しい収録スタイルが確立されたことで、およそ3ヶ月遅れの7月にクランクイン。10月クールのオンエアに目処が立ったという。

すると7月クランクインが、思わぬ事態を招く。

撮影期間中に道枝駿佑(7月25日)、大西流星(8月7日)、大橋和也(8月9日)、長尾謙杜(8月15日)と、次々に誕生日を迎えたのだ。

「ドラマの場合、慣例で誕生日サプライズを行い、盛り上がった一体感で現場のチームワークを固めます。特に主要キャストは派手に。今回は道枝くんから長尾くんまで1ヶ月未満の間隔で、加えて〝なにわの日〟や〝松竹座〟のリハーサルと本番でドラマ収録のスケジュールがよりタイトだったため、かなりバタバタのサプライズになってしまいました」〈テレビ東京制作スタッフ氏〉

それでも4人はスタッフに感謝の気持ちを伝え、気持ちよく収録に臨み続けている。

公式コメントでも、それぞれ——


『撮影現場で誕生日を祝っていただけることはそんなになかったので、すごく嬉しかったですし、メンバーにも祝ってもらいました。

プレゼントもいただいて、大切に使わせていただきます。

流星くん、大橋くん、長尾が誕生日を迎えて、

「おめでとう」の気持ちでいっぱいです』〈道枝駿佑〉

『撮影期間に誕生日を迎えてみんなに祝ってもらえて、
〝夏生まれでよかったな〟と実感しました。
誕生日をメンバーと過ごすことができて、とても幸せでした』〈大西流星〉

『僕の前に2人がみんなから祝ってもらってたので、
僕もそわそわして待ってましたっていうのが本当の気持ち。
みんなからも「絶対待ってたやろ?」と言われて、
内心〝「待ってました」〟――と答えてました』〈大橋和也〉

『いつもは夏のコンサートなどがあって、
ありがたいことにファンの方々に祝っていただけていたので。
今年は開催できなくて寂しかったのですが、
メンバーやドラマのスタッフさんに祝っていただけて、すごい嬉しかったです。
いつもとは違う良さの誕生日でした』〈長尾謙杜〉

高橋恭平などは――

『ドラマ撮影の時に誕生日がかぶって羨ましいなぁ～。
みんなに祝ってもらって最高やろなぁ～。
俺も仕事がかぶる日に誕生日がいいなぁ～』

――と、指をくわえるしかなかったようだ。

「今回〝誕生日サプライズ〟を出来なかった3人には『メンズ校 Season 2』の制作を期待してもらうとしましょう。早くても2022年になりますが（笑）」（前出テレビ東京制作スタッフ氏）

初めて取り組むメンバー全員でのドラマ撮影に、新鮮な気持ちで挑戦した、なにわ男子の7名。

青春を謳歌する男子として、〝金〟〝メシ〟〝女子〟の三種の神器を素直に追い求めるアツい青春ドラマは、どの世代の視聴者……特に男性からの支持を集めてくれるだろう。

今回のドラマ出演が、なにわ男子の今後の飛躍のために大きな糧となることは間違いない。

西畑大吾VS道枝駿佑――共に競い合う〝センター争い〟

メンバー7人、それぞれが個性の塊である、なにわ男子。

自他ともに認める関西ジャニーズJr.の筆頭であり、パフォーマンス、MC、客煽りなど、ライブ中は一瞬たりとも彼らから目を離せないことなど、今さらここで触れるまでもないだろう。

「ある意味、今の関西ジャニーズJr.で最も魅力的な7人が集まっているわけで、彼らに順列や甲乙をつけることは出来ません。しかし奇数メンバーのグループには必ずフォーメーションの真ん中に立つ者、つまり〝センター〟の重責を担う者がいる。そしてなにわ男子のセンターは、そのまま関西ジャニーズJr.のセンターでもあるのです」(関西テレビ関係者)

これまではその役割を、言うまでもなく西畑大吾が担ってきた。

2014年から2018年まで、おそらく今後も破られることがない〝Jr.大賞5連覇〟の記録を手土産にデビューした岩橋玄樹(King & Prince ※病気療養中)の後を受け、2019年、2020年と関西勢初の頂点を2連覇で飾った西畑大吾。

連続ドラマ『母になる』で主役の沢尻エリカの息子役で注目され、若かりし頃に〝しょうゆ顔〟ブームを作った東山紀之を彷彿させる〝スッキリ顔〟のプリンス、道枝駿佑。

現在、この2人がなにわ男子のセンター、関西ジャニーズJr.のセンターを争っていることは、紛れもない事実なのだ。

「道枝くんもJr.歴がそれなりに長くなりましたが、まだ今は西畑くんのほうに一日の長がある。それに高校生になってから急激に背が高くなった道枝くんは、かつてHey! Say! 7時代に山田涼介くん、知念侑李くんとフロントラインを形成していたのに、背が高くなりすぎて後列に下げられた中島裕翔くんを思い出させます。間違いなく俳優やモデルとして活躍するであろう道枝くんも、グループに戻ったら後列扱いされる可能性はありますね」（同関西テレビ関係者氏）

そんな道枝は自分の性格を――

『心配性でクソ真面目』

――と分析するが、しかし一方では強い上京願望を持ち、冒険心に溢れるチャレンジャーでもあるのだ。

『事務所には履歴書を4回送って、ようやくオーディションの連絡が来ました。

子供の頃から家族でSMAPさんや木村拓哉さんに憧れ、
小学生の高学年になると山田涼介くんにハマったんです。

だから夢は山田くんの跡を継いで、5代目金田一少年を演じること。

堂本剛くん、松本潤くん、亀梨和也くん、山田涼介くん――

名だたる先輩方の名前にビビり気味ではありますけど（笑）。

近い将来、デビューして東京に住んでみたい。

地元の大阪は確かに落ち着きますが、

「東京に住んだらどういう景色が見られるのか？」――という好奇心はずっと持ってます』

――そう話す道枝駿佑。


このコロナ禍で不透明な部分は残るが、高校2年生の時には〝大学進学〟を希望していた道枝。

少々ケースは違うものの、かつての永瀬廉のように、東京の大学に進学するために移籍した元・関西ジャニーズJr.もいる。

果たして道枝は、どんな未来予想図を描くのだろう――。

一方、藤原丈一郎曰く――

『半袖短パンが似合うハムスター顔の少年』

――風に見えて、大橋和也が、

『先輩としてずっと面倒を見てきたのに、まったく言うことを聞いてくれない』

――と、嘆くほど我が強いのが西畑大吾。

とはいえ、センターたる者、それぐらいの素養がないと務まるまい。

『前に(高橋)恭平とご飯に行った時、いきなりあのイケメンが——

「いろんなもの抱えて背負ってるよな。ありがとう」

——って言い出すから、結構ドキッとしましたね(笑)。

藤原くんには「感心するほど気が回る」と言われたこともあって、
何か自分よりもメンバーのほうが〝自分に詳しい〟感じ。

ただ大橋くんだけは「お前はいつになったら反抗期抜けんねん」——って笑われてます』

——そう話す西畑大吾。


いかがだろう?

この2人が共に切磋琢磨し、センターの座を争うなにわ男子。

ここから〝デビュー〟までの道程で、果たして2人の争いはどうなっていくのか?

2人が共に競い合い、共に成長していくことで、なにわ男子も〝デビュー〟に向けて大きく前進し、
今後のアイドル界を担うグループへと成長していくことになるだろう——。

なにわ男子を支える〝前輪の大橋〟〝後輪の藤原〟

なにわ男子のリーダーは大橋和也だが、その大橋はもちろんのこと、なにわ男子、関西ジャニーズJr.の全員が――

『いざという時に誰よりも頼りになる』
『エンタテインメントに懸ける情熱と姿勢は尊敬のひと言』
『関西Jr.イコール藤原軍団』

――とまで称賛するのが、なにわ男子最年長かつ最長キャリアを誇る藤原丈一郎だ。

『言っときますけど〝藤原軍団〟なんて初めて聞きましたし、そんなんありませんからね（苦笑）。

それに僕を尊敬してるとか、いてくれてても50人に1人ぐらいのもんですよ』

――本人はそう謙遜するが、某関西スタッフに言わせると、

「なにわ男子のリーダーを決める時、真っ先に辞退したのが藤原。理由は『一番キャリアが長くて年上の自分がリーダーになると、後輩たちが何も言えなくなるから。そんなグループは進化しない』――で、表向きには今も『リーダーに向いてないし、大橋のほうがしっかり者』――と笑い飛ばしてる。

つまりカッコいい男ですよ」

――とのこと。

『僕がJr.になった頃には、もうグループ活動をしてて、
当時はグループに選ばれるだけでスゴいし、
他の先輩もたくさんいたけどお兄ちゃんのような存在でした。
メンバーの中で断トツに芸歴が長いし、結局いつも頼ってしまいますね。
トークは藤原くんと大ちゃん（西畑大吾）任せで、僕を自由にボケさせてくれる。
リーダーとして情けないけど、藤原くんがいなかったらグループは成立しない』〈大橋和也〉

『ジャニーズのアイドルが〝出来なきゃいけないこと〟は何でも出来る先輩。

踊りも歌もお芝居も、オールマイティに出来る先輩。

改めて言うまでもないけど、誰よりも頼りにしてますね。

あと基本、仕事に対するストイックな姿勢も似てるから、

「これは藤原くんの意見を聞いてみなアカン」――と、自分の中での判断材料にもなる』〈西畑大吾〉

年上組の2人から断然の信頼を寄せられている藤原だが、誰に対しても優しい性格が災いしてか（?）、
思いっきり甘えられて困ることも。

『関西Jr.に入った頃から、目立つ先輩たちの中でも中心的な存在だったので、
まず最初に「仲良くしてもらわな」と計算してました。

藤原くんに〝目をかけられている〟ことで、僕も関西Jr.のカースト上位にいられるので(笑)。

ただ最初に近づく時はガチに怖かったです。

何かあのデカい口に噛みつかれそうで』〈高橋恭平〉

『いやもう、僕からしたら〝ザ・プロフェッショナル〟でしたからね。
大先輩でダンスも上手で、スゴい先輩軍団の一人。
何事に対しても熱血で、後輩の意見や気持ちも取り入れてくれる、
懐のめちゃめちゃ広い人。
ただし精神年齢は12才ぐらいで止まってるかもしれない(笑)』〈長尾謙杜〉

『僕がJr.に入った頃、すぐに声をかけてくれたことは今でも覚えてます。

当時はJr.の重鎮と新人だから、その時の会話だけで終わりましたけど。

「自分、ダンス上手いな」——って言われて、
でも僕も藤原くんのダンスの上手さに目を奪われました。

すごく優しいし、ちびっこJr.の教育係です。

そのうち〝お父さんと息子〟ぐらいの年齢差が入ってきそうですけど(笑)』〈大西流星〉

『Jr.歴が10年違うし、最初の頃は全然会わなかったし、
たぶんメンバーの中で最後に出会った先輩。
それなのにすぐ仲良くなれたのは、
藤原くんが僕らに合わせて休憩中や移動中にラップバトルを仕掛けてきたり、
いつも笑い声の絶えない空間を作ってくれたから。
それで自然とオンとオフの切り換えやケジメを学んだし、
〝中学時代に今の藤原くんみたいな先生がいたら、Jr.の活動よりも学校を選んだかもしれない〟
——って思えるぐらい、大好きな人』〈道枝駿佑〉

年下組からも圧倒的に頼られているではないか。

「だからこそ藤原がリーダーじゃなくてよかったし、彼はそのために大橋にリーダーを任せたんです。なにわ男子というワンボックスカーは〝前輪の大橋〟〝後輪の藤原〟がいてこそ、西畑や道枝が交代しながらハンドルを握り、流星や恭平、謙杜が後部シートで伸び伸びと遊べるんです」（関西ジャニーズ関係者）

各メンバーがそれぞれのポジションをしっかりと任され、お互いを信頼して、グループとして進むべき道を着実に突き進んでいく、なにわ男子。

もうすぐだ。

もうすぐ必ずやって来る。

君たちの時代が——。

西畑大吾が木村拓哉との共演で得たもの

「西畑大吾くんの〝ニノ好き〟は東京でも有名ですが、その二宮和也くんが尊敬し、公私共に交流を持っているのが木村拓哉くん。昨年、クランクイン前に『二宮くんをより深く知るには、木村さんとの共演を大切にしたい』――と、現場スタッフとの打ち合わせでも話していたそうです」

(テレビ番組情報誌記者)

2020年1月、フジテレビ開局60周年特別企画として2夜連続でオンエアされた『教場』。

その世界の言葉で〝警察学校のクラス〟を意味する『教場』は、主演の木村拓哉が〝白髪まじり〟〝義眼〟〝一切笑わない〟担任教官代理・風間公親を演じて話題になった。

「あらゆる職業を演じてきた木村くんですが、どんな設定だろうと〝カッコいい〟ルックスを保ってきました。しかしこの作品では初めて見せる白髪まじりの外見に、演じたのは〝警察学校は警察官として適性のない者をふるいにかける場〟という、厳しい信念を持つ冷徹な人物。懐には常に退校届を持ち歩き、適性がない生徒には容赦なく叩きつける。一方、西畑くんが演じた樫村卓実は、ずる賢く他人を陥れる生徒役でしたが、最後には木村くん演じる風間教官の手で悪事が露見、退校を言い渡されました」(同テレビ番組情報誌記者)

視聴率は初日が15・3%、2日目が15・0%。重く暗いテーマを扱った作品としては、まずまずの好視聴率だった。

『まさかまだ22歳の関西ジャニーズJr.なのに、
木村さんと共演させていただけると思っていなかったので、
ドキドキワクワクがすごくありました。
それと同時に「僕で大丈夫なのかな……」という不安もありました。
ドラマに出させていただくこともそうですが、
木村さんと共演させていただけることは、すごく光栄だなと思っています』

ドラマ出演を振り返って語る西畑大吾。

木村との共演はもちろんだが、西畑にとって何よりも良い経験になったのが、通称〝風間教場〟で訓練を受ける候補生メンバーとの共演だ。

生徒側の主人公、宮坂定を演じた工藤阿須加以下、川口春奈、林遣都、葵わかな、井之脇海、富田望生、味方良介、村井良大、大島優子、三浦翔平――と、一《いち》生徒に留めておくにはもったいない俳優陣の名前がズラリと並ぶ。

『僕が演じたのは、
他の生徒が欲しがる日常品からエッチな雑誌まで何でも手に入れる〝調達屋〟の役。
教官に見せている顔と生徒に見せている顔、
そしてもうひとつ〝裏の顔〟まである多面性のある役でした。
基本的にはずる賢くて、あざとい、そして器用にうまいこと立ち回る人物』〈西畑大吾〉

生徒それぞれに隠し持つ顔があり、最後まで誰が生き残るのか、スリリングなストーリー展開だった。

『調達屋は周囲からの信頼や信用がないと出来ないと思うので、人間関係を短期間で作ることもすごくうまい人ではないかと。演じていく上で〝ちょっとしたサイコパス感〟があるなと思ったので、そういう部分を演じられていたら嬉しいですね』〈西畑大吾〉

何よりも初共演の木村拓哉の〝目に留まりたかった〟し、同じ立場の候補生を演じたキャストには〝インパクトでは負けたくなかった〟と西畑は振り返る。

一方、そんな西畑を特徴的な役柄のキャストに起用した当時の制作スタッフは、

「2014年の『ごちそうさん』、2016年の『あさが来た』で西畑くんを知った朝ドラ(NHK連続テレビ小説)ファンの皆さんを、いい意味で裏切れたんじゃないかなと思います」

――と起用のきっかけを語り、

「調達屋の樫村は、いつでもどこでも誰とでも馴染める〝人たらし〟の天才。西畑くんには柔らかい物腰の向こうに先を鋭く見据える強い意志が見え、樫村と同じ〝人を虜にする〟才能を感じました。その予感が正しかったことを、体を張った訓練や芝居のアイデアで証明してくれました」

――そう言って、西畑の芝居を絶賛する。

その評価を受けて西畑は――

『訓練の時からご一緒させていただいたのですが、
最初の頃は木村さんがただひたすら怖くて、怒られないように頑張っただけです』

――と笑顔で語る。

『訓練のあの空気感を作ってくださったのは、紛れもなく木村さん。
「あの緊張感があったからこそ作品が成立した」――と、今でも思ってます。
でも撮影に入ると、現場ではとても優しい方。
撮影以外でもいろいろな話を振ってくださって、常に気にかけて頂きました。
将来は木村さんのような先輩になりたいし、
二宮くんが崇拝されている気持ちが死ぬほどわかりました』

合間の雑談ではジャニーズ事務所の振付師の話や、パフォーマンスについてのアドバイスをもらって盛り上がった西畑。

『その言葉のひとつひとつが深くて熱い。
共演した方々がみんな木村さんのトリコになるのは当たり前。
お金を払っても買えない、知れない話ばっかりでしたから』

——と振り返るが、最後に『あの人だけは許せない』と、ある共演者の名前を挙げたという。

「それは〝楠本しのぶ〟を演じた大島優子ちゃんでしょう。木村くんと優子ちゃんは『安堂ロイド』で兄妹役を演じていますが、そのキャスティングが木村くんの指名で、今回の現場でも〝優子〟〝拓兄ィ〟と呼び合い、他のキャストよりも明らかに距離感が近かった。そんな優子ちゃんをジェラシーの眼差しで睨んでいたのが、他ならぬ西畑くんです（笑）」（制作スタッフ氏）

それを言い出したら、大好きな二宮和也にも嫉妬しなければならないのでは。
……あっ、まさかつい最近、あのメンバーにもジェラシーを!?

ルックスを超越した大西流星の〝意外な発信力〟

〝大西流星〟をネットで検索すると、ひたすら「可愛い」「可愛い」「可愛い」の文字が並ぶ。

「この8月（7日）で19才になったとは思えないほど、いまだに小学5年生で関西ジャニーズJr.入りしたイメージが残る、珍しいメンバーです。最も長いつき合いの西畑くんに言わせると、『流星はちゃんと少年から大人になるステップを歩んでる。めちゃめちゃしっかりしてきた』——そうですが、なにわ皇子時代からのファンの皆さんは、心のどこかで〝流星くんが大人になるなんて許さない！〟的な気持ちもあるのでは（笑）」

長く『関ジャニ∞のジャニ勉』（カンテレ）に関わる制作スタッフ氏が「今でもあの時のサプライズを思い出す」と振り返るのは、2012年の大阪松竹座8月公演『少年たち 格子無き牢獄』の初日記者会見。

そこでお披露目された関西ジャニーズJr.新ユニット〝Ｎａｎｉｗａ Ｏｊｉ〟のメンバーに、入所1ヶ月の大西流星が含まれていたことだった。

「3人のメンバーの頭文字、永瀬廉くんの〝Na〟、西畑大吾くんの〝Ni〟、大西流星くんの〝O〟でNaniwa Ojiだと説明されました。すぐに〝なにわ皇子〟と改名しましたが、当時、すでに永瀬くんと西畑くんは1年のJr.歴と〝Aぇ少年〟でのユニット経験があり、しかもその時のAぇ少年は5人組でしたから、わざわざ2人を抜いて新ユニットを結成する意味はない。つまり大西流星くん〝ありき〟で作られたユニットだったのです」(『関ジャニ∞のジャニ勉』制作スタッフ氏)

ジャニー喜多川さんの目に留まったのは、天使のような可愛さを持つルックスだけではない。

入所時に5年以上のダンス経験があり、しかも――

『最初は〝ロックダンスの西日本チャンピオンが入ってくる〟……と噂になってました。で、いざ入ってきたら人間とは思えない劇的な可愛さ』〈藤原丈一郎〉

――という、高いパフォーマンス力を兼ね備えていたからだ。

「永瀬くんと共にユニットに選ばれた西畑くんは『一人だけ最初からオーラが違った』——と振り返り、リーダーの大橋和也くんも『いかちいダンス経験者を予想していたら、小リス系でめちゃめちゃ可愛いから唖然とした』——と、大西くんとの出会いについて話してくれたことがあります。また2014年11月入所の同期トリオ（道枝駿佑、長尾謙杜、高橋恭平）は、『2年先輩でパフォーマンスはキレキレなのに、レッスンが終わると可愛さ満点のギャップに見とれた』——そうです」（同制作スタッフ氏）

そんな大西がメンバーと大阪府民を驚かせたのが昨年、なんと『大阪・関西万博』に関しての地元出展パビリオン企画を中心に話し合う『有識者懇話会』に、有識者委員の一人として参加したのだ。

「この会議の参加者では最年少で、当時は2学期の終業式を終えてから出席。『めちゃめちゃ緊張しているけど、若いなりにいろいろな意見を言っていきたい』——と意気込みを語っていました」（同氏）

大西は公式コメントでも立派すぎるほどの発信力を披露する——。

『（グループ名に）〝なにわ〟と付くからには、若い世代としてもっともっと万博を支えていきたい。

同世代に知ってもらえるよう、パビリオンでステージやイベントを。

まず足を運んでいただいてから、

〝来てみたら意外とこういうものもあるんだ〟と、触れるきっかけになって欲しい』

――自らの想いをそうコメントした大西流星。

「普段はメンバーに『化粧品やメイクを知り尽くしてる』『ＪＫの流行語を使ったり、タピオカ屋行ったり。誰よりも街を楽しんでいる』――と言われる最新の感覚が、有識者委員の活動にも活きてくると思います。もしかして後々、大阪市長や大阪府知事への道が開けるかも?……と、ワクワクさせてくれる才能を秘めていますよ」(前出制作スタッフ氏)

関西ジャニーズから大阪市長、大阪府知事の階段を上るとしたら――。

これまでは「1に村上信五、2に中間淳太」と言われてきたが、そこに「3に大西流星」の名前が加わるのは、もはや時間の問題と言っても過言ではない……かも。

〝役者・道枝駿佑〟の大いなる可能性

さて、西畑大吾の項で最後に投げかけた〝まさかつい最近、あのメンバーにもジェラシーを!?〟について、ここで〝あのメンバー〟を明かしておかねばならないだろう。

そう、コロナ禍の影響で6月から7月にかけての短縮放送になった『BG〜身辺警護人〜』で、木村拓哉と共演した道枝駿佑に対してだ。

「コロナ禍で中断した撮影が再開された後、東京に滞在して『BG』に臨んでいた道枝くんを、表向きは『良かったな! なにわ男子の代表とか余計な荷物は背負わず、一人の役者として勉強してこい』――と送り出した西畑くんでしたが、裏では『テレ朝さんは『教場』見てへんの? 見てたら俺やん、選ばれるの』――と、ぶつぶつ言っていたそうです。そもそも内々にキャスティングが決まっていたのは去年の話ですからね。正月の『教場』が影響するわけがないのですが(笑)」

そう語るのは、関西のテレビ界で活躍する放送作家氏。なにわ男子が結成される以前から、道枝や西畑とは交流があるという。

道枝の役柄は、木村演じる主人公の事務所と同じビルにあるカフェの大学生アルバイト、中島小次郎。人と壁を作らず、年上相手でもストレートに物を言う役どころゆえ、木村とは距離感の近い芝居を展開した。

その役どころでは、西畑がジェラシーを感じるのも当然だろう。

『今年2月に開催された木村さんのソロコンサートを、西畑大吾くんと一緒に見学させていただいたんです。そのときは「なんで僕も呼んでもらえたんやろ?」……と不思議に思っていたんですけど、しばらく後にマネージャーさんから「『BG』の出演が決まった」と聞かされて、その瞬間に時が止まりました(笑)。僕は小さい頃から家族と一緒にSMAPさんのコンサートに行くほど、木村さんのファンだったんです』

――と、喜びを隠さない道枝駿佑。

撮影中は木村から〝オンとオフの切り換えが良い作品を作る〟ことを学び、何よりも木村から——

『第1章の平均視聴率が15・2%で、第2章が15・6%。

打ち上げの時——

「その上がった〝0・4%〟が駿佑のお陰だよ。ありがとう」

——と言ってもらって、気絶するかと思ったぐらい嬉しかったです』

——と語る。

それは絶対、西畑の耳に入れてはいけないエピソードだ（爆）。

そんな道枝は、『BG』の前にもジャニーズ事務所の先輩と親子役で共演している。

それが11月6日公開の映画『461個のおべんとう』。

道枝の父親役で、主演を務めるのはV6の井ノ原快彦。

しかも2人の場合は親子役を演じるだけではなく、デュエットで主題歌まで歌う。

東京の先輩と関西ジャニーズJr.の後輩がデュエットをするのは、あの東山紀之&錦戸亮のSecret Agent『Secret Agent Man』以来、20年ぶりだ。

『全部が見せ場ではあるんですけど、僕としては――
〝自由奔放なお父さんに対して、
内気な息子が溜め込んでいた想いが爆発するシーン〟
〝2人の会話が減ってすれ違うと、
遂に息子が父親との約束を破って無断欠席してしまう〟
――といった、後半の山場。
感情の起伏というか、溜まっていく息子の芝居に注目して欲しいですね』

――自らの役柄について話す道枝。
新境地を開拓した〝役者・道枝駿佑〟の今後が大いに楽しみだ。

高橋恭平は〝愛されキャラ〟

グループの〝ボケ〟担当にとって、ボケてスベることは何も怖くない。本当に怖いのはスベるまでに至らない、まったく〝ボケられない〟こと。

メンバーにとってホームグラウンドのレギュラー番組だからこそ、時として失態を浮き彫りにする恐怖がある（……その一例がこの後大橋和也の項でご紹介するエピソード）。

「その反面、意識しないボケが自らを救ってくれることもある。高橋恭平くんはそちらで救われるタイプですね。まあ、たまにですけど（笑）」

人気放送作家氏は、高橋恭平について、

「よく見たらメンバーでNo．1と言ってもいいイケメンなのに、中身が残念なタイプでなかなか推されない」

――と分析する。

それは高橋に対するメンバー個々の発言からもわかるとのこと。

『口数少ないおバカな子』〈西畑大吾〉
『佐藤勝利くんに似てる。……ような気がする』〈道枝駿佑〉
『昔はめっちゃ静かな子。チャラいキャラに憧れてる』〈大西流星〉
『ぽけ～っとして思いっきりアホな感じ』〈長尾謙杜〉
『ナルシスト』〈藤原丈一郎〉
『無口で暗い。自分の顔面がカッコいいと気づいて少し明るくなった』〈大橋和也〉

——なるほど。確かに単なるイケメンとはひと味違うことはわかる。
「『なにわイケメン学園×Aぇ！男塾』（カンテレ）では、最近でいうと『なにわイケメン学園～目指せ！お取り寄せグルメ男子』企画で〝らしさ〟を発揮してしまいました」（人気放送作家氏）
メンバーからの評判が散々な（？）高橋の「らしさ」と聞くと一抹の不安しか覚えないが、人気放送作家としての〝プロ目線〟で話を聞いてみたい。

「企画は〝絶品お取り寄せグルメ〟の試食をかけたクイズで、高橋くんと共に藤原丈一郎くん、大橋和也くんの3人が挑戦しました。1問目は香川県の大人気グルメをかけたクイズで、香川県の方言〝おとっちゃま〟の意味を答えるもの。ここでは高橋くんのキザなキラキラ解答よりも、ボケ倒した大橋くんのほうが目立ってましたね。ボケの大橋くん、アホの高橋くんの答えが大渋滞を起こす中、ツッコミの藤原くんはその処理にヘトヘトになっていましたが（笑）」（同人気放送作家氏）

目を瞑れば、まぶたの裏に困り果てる藤原の姿が――。

結局、「鳥の言い方」というヒントをもらいながらも、正解の〝臆病者（チキン）〟には辿り着かなかった（苦笑）。

「続いての出題では3人とも神戸で人気の〝味噌だれ餃子〟を試食することが出来ましたが、ここで高橋くんが大問題を起こしてしまいます。せっかくのお取り寄せグルメに対し、餃子を食べた瞬間『なんかパンチないっス』――と言ってしまったのです。番組で取り上げるグルメは、基本的に製造元さんのご協力で使わせて頂いているもの。たとえ本当に〝パンチがない〟と感じても、そこは最低でも〝美味しい〟と言っておくのがエチケット。さすがにリーダーの大橋くんは自分がボケることも忘れ、『カットして！』と割って入りました。藤原くんもツッコむどころか『ボキャブラリーが少ないというか、たまに選択ミスするんですよ』――と必死でフォロー。高橋くんは、岡田さんから『〝パンチが効いてない〟はアカン!!』――と説教され、ロケ赤点生徒に選ばれました」（同氏）

しかしこのあたりは関西の番組というか、高橋恭平のキャラクター込みで「笑えたからエエやん」とオンエアに持ち込み、スポンサーも「逆に〝どんな味なんやろ?〟って思ってもらえた」と喜んでいたとか。

『僕を一番笑かしてくれる人』〈西畑大吾〉
『しょっちゅう遊びに誘ってくれる。寂しがり屋で一緒にいてあげたくなる』〈道枝駿佑〉
『JKノリの人。よく一緒に動画や写真を撮ってます』〈大西流星〉
『遊びの誘いはマメなのに、そのくせ返信はめっちゃ遅い』〈長尾謙杜〉
『意外に気にしい。「さっきはどうでしたか?」――と、いつも聞いてくる。実は努力家』〈藤原丈一郎〉
『毎日遊びに誘ってきて、〝仕事〟と言ってもやめない。〝好き好き〟言うてくれるのが可愛い』〈大橋和也〉

結論としては、高橋恭平は――

『アホだけどメンバーからめちゃめちゃ愛されているキャラ』

――に落ち着くようだ(笑)。

長尾謙杜がドラマ出演で得たチャンス

2019年4月クールに日本テレビでオンエアされた、土10枠の連続ドラマ『俺のスカート、どこ行った?』。

古田新太が演じるゲイで女装家の担任教師、主人公・原田のぶおの生徒として、道枝駿佑と長尾謙杜が出演していたのはご承知の通りだ。

「長尾くんが演じたのは、いつもマスク姿で引っ込み思案の若林優馬で、そんな彼をイジメていたのが道枝くん扮する東条正義。〝名前が正義なのにイジメを?〟……と、クスッと笑わせる小ネタを仕込んだドラマでした」(テレビ番組情報誌記者)

いくらドラマ上の設定でも、イジメっ子とイジメられっ子の関係は——

『僕のほうがしんどかった』

——と言う道枝だが、中盤戦で優馬が別のクラスの女生徒に一目惚れすることで、徐々に関係性が好転していく。

超絶オクテ男子の優馬を、ゲイで女装家の担任・原田のぶおが〝本気でプロデュースする〟と言い出したことで、正義たちクラスメートが初恋の成就に協力することになったのだ。

別のクラスの生徒、山上愛理のスマホを拾った優馬は一目惚れをして、彼女のクラスの前をうろつく。正義は挙動不審に別のクラスを覗く優馬に気づき、声をかける。すると見つめる先に愛理がいることに気づき、直球で「愛理のことを好きなのか」と尋ねる。陰キャの優馬が動揺するところに原田先生と田中先生(桐山蓮)が通りかかり、原田先生によるプロデュース作戦が始まるという、ベタな展開だ。

なにわ男子から道枝駿佑とペアで出演したとはいえ、事実上、連ドラの単独レギュラーは初めての長尾謙杜。

そんな彼はこの〝初恋回〟を、自分に訪れた大きなチャンスと認識していた——。

『優馬は陰キャですから、そもそも〝恋〟とは真反対の場所にいた。

だって高校生の恋愛は、リア充の専売特許ですから(笑)。

「いかにして優馬の陰キャぶりを演じるか?」

……僕としては恋の病にかかった優馬が、

原田先生や正義たちにバレた時の〝パニックぶり〟に、その想いを込めてみました。

ネタとしては、原田先生のプロデュースでお洒落な服に着替える七変化もポイントでした』

——演技に込めた想いを明かした長尾謙杜。

一方、同じグループの仲間をいじめる複雑な役柄を演じた道枝駿佑は——

『ようやく今までいじめていた優馬と仲直りして、その恋をサポートする正義の姿に、

「アイツ、本当は友だち思いだったんだな」——と、思ってもらえれば嬉しい』

——と、当時を振り返る。

『ただ今回の作品で一番印象的だったのは、
撮影の合間に古田さんと桐山さんと話せるようになったこと。
古田さんに〝みっちー〟と呼んでいただいた時はドキドキして、
それからクランクアップまでの間、ちょいちょい〝みっちー呼び〟になる時があって、
そのたびにキュンキュンしてました(笑)。
キュンキュンといえば僕にとっての桐山さんは大好きだった〝仮面ライダーW〟の主役で、
それを打ち明けた時には「仲良くしような」と肩を組んでもらいました。
あの頃の変身ベルトをずっと持っていれば、本物の「変身!」をお願い出来たかも』

――嬉しそうに話す道枝駿佑。

「長尾くんが演じた陰キャの優馬が徐々に心を開き成長していく過程に、長尾くんの〝才能〟を感じました。連ドラの単独レギュラーが初めてなのに、難しい役を上手く演じていました。聞けばいろいろな学園ドラマを見て、優馬に近い役の演技を見て勉強したとか。その準備と努力を含め、彼には可能性を感じましたね」（ドラマ制作スタッフ氏）

普段の自分とは性格が真逆の優馬だが、実は長尾自身の中では通じる部分もあったらしい。

『演じているうちに〝それが台本のセリフなのか自分の気持ちなのか〟わからない、シンクロするシーンが何回かあったんです。

次第に優馬が可愛く見えてきて「応援したくなるような子だな」と思いました。

次に優馬のような役を演じることがあれば、さらにリアルに演じられると思います』

この夏、お互いに18才の誕生日を迎えた道枝駿佑（7月25日）と長尾謙杜（8月15日）だが、2人が生まれた2002年は、タッキー&翼がデビューした記念すべきアニバーサリーイヤー。

また早生まれを除いた同学年にはHiHi Jetsの猪狩蒼弥と作間龍斗、美 少年の佐藤龍我と岩﨑大昇がいる〝ゴールデンエイジ〟でもある。

『僕は人のこと気にする余裕はないけど、みっちーは結構言うてますよ。

特に猪狩のパフォーマンスと岩﨑の歌唱力は、「同い年だけに悔しい」言うぐらい、意識しまくりですから。

僕にしたら美 少年の龍我のほうがみっちーの立ち位置に近く見えるけど、みっちー曰く「アイツの芝居はまだまだや」――って、なぜか上から目線でしたけど（爆）』

この秋は、なにわ男子主演ドラマに挑戦する長尾謙杜。

コツコツと経験を重ね、大輪を咲かせる日がきっと来るに違いない――。

藤原丈一郎が中居正広に叩きつけた〝挑戦状〟

「藤原くんにとってあまりにも残念なのが、あの番組がオンエアされた後、本格的に新型コロナ感染が広がったことです。特に志村けんさんがお亡くなりになり、テレビ界は新型コロナの恐怖に支配されましたからね」

3月20日にオンエアされた『中居正広のプロ野球魂』(テレビ朝日)に出演し、セ・パ12球団を代表する野球ファンの一人としてオリックスバファローズへの愛を語った藤原丈一郎。

パリーグの、しかも関西圏にあるプロ野球球団ということもあってか、東京のバラエティ番組では取り上げられることが少ないオリックスバファローズのファン代表として、名前を売る最大のチャンスが訪れた。

「セリーグの場合は6球団とも熱狂的な芸能人ファンがすぐに見つかりますが、パリーグは札幌の日本ハムファイターズ、仙台の楽天ゴールデンイーグルス、福岡のソフトバンクホークスなど、多くの芸能人を輩出した〝ご当地〟以外では、どうしても関東圏は読売ジャイアンツをはじめとするセリーグ3球団、関西圏もセリーグの阪神タイガースにファンが集中。失礼ながら僕は、芸能人のオリックスファンを初めて見ました」

先ほどから話してくれているのは、当の『中居正広のプロ野球魂』制作スタッフ氏だ。

「しかも藤原くんは関西ジャニーズJr.とはいえ、ジャニーズ在籍17年目の大ベテランJr.。それなのにこの収録が中居くんとの初対面だったそうです。たとえばSMAPが京セラドーム大阪でコンサートを行った際も、一度もバックダンサーで呼ばれたことがない。奇しくもオリックスバファローズが本拠地にしているのが、その京セラドーム大阪なんですよね」(制作スタッフ氏)

しかしJr.としては大ベテラン、かつ関西のテレビ番組で揉まれていることもあってか、藤原は「じゃがいもを提示すればチケットが優待価格になる〝じゃがいもデー〟」、「インド出身者を無料招待した〝インド・デー〟」など、これまでにオリックスが行った珍企画を用意し、しっかりとアピール。

その姿が中居の目に留まる。

「なにせスタジオには出川の哲っちゃん（哲朗）、ココリコの遠藤（章造）くん、伊集院（光）くんなど、これまでに中居くんと何十回、何百回と共演し、信頼関係を築くタレントさんがズラリと顔を揃えていたのに、藤原くんは彼らにもまったくヒケを取らないトーク力と存在感を示してくれたのです」（同制作スタッフ氏）

当日の収録では、中居は休憩時間に藤原に声をかけ——

『こっち来いよ』

——とスタジオ前室で藤原を隣に座らせた。

「中居くんの隣というだけでガチガチに緊張するのに、反対側の隣には哲っちゃん。藤原くんを囲むように伊集院くんと遠藤くんがいて、最初の数分はただ縮こまるだけでした。それでも〝本物〟のプロ野球ファンが集まっていたので、話題はすぐに〝いつ開幕出来るのかな？〟〝やっぱりオープン戦でも無観客はつまんない〟など、新型コロナの影響を受けていたプロ野球の今後を心配し、みんな熱心に話し込んでいましたね」（同氏）

さらに中居は番組収録が終わると再び藤原に声をかけ——

『しっかり喋れていたのは大したもんだよ。
また野球関連の企画があったら呼ぶわ』

——と、最大限の称賛を浴びせたという。

「短い出演時間でインパクトを残した藤原くんを、中居くんは『関西の子は下地が違う』——と僕らにも話していました。もともとSMAPを兄のように慕うKinKi Kidsが出てきた時、中居くんはジャニーさんに『これからはお笑い以外でも関西人が来る』——と聞かされていたそうで、プライベートでもダウンタウンの松本人志さんを筆頭に、笑福亭鶴瓶さん、宮川大輔さんなど関西の芸人と積極的に交流しているので、これからはKinKi Kids以来の〝お気に入り〟に藤原くんとなにわ男子が抜擢されるかもしれませんね」(同氏)

この『中居正広のプロ野球魂』以外の番組でも、藤原はオリックス愛をアピールしている。

たとえばかつて『行列のできる法律相談所』(日本テレビ)でも、合併してオリックスバファローズになる以前の〝近鉄バファローズ復刻ユニホーム〟を着て登場し、パリーグファンに注目されたことも。

収録後、藤原は中居に――

『いつかジャイアンツとオリックスが日本シリーズで戦った時は、中居さんに東京ドームのVIPルームに連れて行ってもらいたいです。でもその時は、全力でオリックスを応援します!』

――と、挑戦状を叩きつけたそうだ。

その挑戦を受けた中居は、後でスタッフに――

『あのヤロー』

――と言いながらも、何だか嬉しそうだったたという。

いつの日か、その約束が実現する日が来ることを願っている。

大橋和也が溢した〝リモート収録〟への本音

現在オンエア中の冠レギュラー番組が、『なにわからAぇ!風吹かせます!なにわイケメン学園×Aぇ!男塾』(カンテレ)だ。

昨年の11月にスタートした番組で、関西ジャニーズJr.を代表する2組が切磋琢磨しながら、次世代のスターへと成長を遂げるために様々な企画に挑戦するバラエティ。

なにわ男子は〝さわやか〟〝スタイリッシュ〟〝キラキラ〟をモットーにした『なにわイケメン学園』。一方のAぇ!groupは〝汗〟〝涙〟〝根性〟を掲げる『Aぇ!男塾』に通っているという設定。

お互いをライバル視する2組が、それぞれの校風に合ったロケに挑戦している。

その他、スタジオでロケの様子をジャッジするのは、『なにわイケメン学園』学長と『Aぇ!男塾』塾長を兼ねるますだおかだ・岡田圭右で、番組最後にはロケで一番ダメダメだった〝ロケ赤点生徒〟を独断と偏見で発表する。

「ネットでも配信されているとはいえ、やはり関西ローカルの弱味は否めません。先輩のジャニーズWESTに勝るとも劣らないバラエティ適性を見せながらも、それが東京まで伝わってこない。コロナ禍で番組の内容に制限がかかっても、彼らは相変わらず面白いのに」

残念そうに語るのは、数多くの人気バラエティ番組を担当する放送作家氏。

「たまたま今年2月に仕事で大阪に滞在した際、深夜にこの番組を見たんです。関西テレビの深夜枠は『J3KANSAI』から『ほんじゃに!』『関ジャニ∞のジャニ勉』と、18年に渡って〝関ジャニ∞を育てた〟と言っても過言ではないスタッフが揃っています。年齢的には若いなにわ男子のほうが長期路線に乗るでしょうから、東京に戻ってもネット配信はチェックし続けています」

そんな放送作家氏が「コロナ禍以降で印象に残った」というのは、初のリモート収録になった『なにわイケメン学園~目指せ!アニマル博士男子』の回だったという。

「今では関東も関西もすっかりリモート収録に慣れましたが、初のリモート収録に『**久々の収録で嬉しい**』『**リモートは一人でカメラに映れるから楽しい**』――とハシャぐメンバーが多い中、なぜか冒頭から不安そうな顔色を見せていたのがリーダーの大橋和也くんでした。普段はボケ役で、一見いつものようにハシャいでいるように見えて、どことなくぎこちない。番組が進むにつれ、その違和感が明らかになりましたけどね」(放送作家氏)

リモート収録の初回はＶＴＲで出題される動物たちのクイズに正解することで、愛くるしい仕草や人気者の秘訣を学ぶリモート特別企画。単に問題に答えるだけではなく、いかにアイドルとして〝キラキラ〟した回答が出せるかがポイント。

この手の縛りに強いのは西畑大吾だった。

「〝アスカラッコのメイちゃんが披露したアスリート顔負けの特技とは?〟のクイズに『**アイドルアスリート西畑と同じくらいキラキラしているウインク**』――とウインクをしながら答え、岡田圭右さんからキラキラポイントを獲得。さすがの対応力を見せました」(同放送作家氏)

動物園の飼育員たちが動物の食事動画をＳＮＳに投稿していて、それが〝#いきものパクパクリレー〟のハッシュタグで話題になっていたことを受け、なにわ男子もアイドルらしい動画撮影に挑戦。

〝#キラキラパクパクリレー〟と題してハイチュウの口移しリレーを披露すると、「キラキラしすぎてキュン死する」など、ネットでも評判になったという。

「クイズが進むうちに大橋くんに対する違和感がハッキリとして、本人もあたふたしているのが視聴者にも伝わり始めました。動物のＶＴＲにアテレコでボケる〝この動物なんと言っているでしょうクイズ〟では、ネタを考える余裕がある最後の解答者だったにも関わらず、キラキラ要素もボケ要素もないまま、ロクに答えられずにタイムオーバー。メンバーから〝ヤバい〟と同情されると同時に、判定役の岡田さんにはガチのトーンで『一番最後でたっぷり時間があったんですよ……』とダメ出し。さらに〝猫になりきって〟クイズに答える場面でもセリフを甘噛みする失態で、挙げ句の果てには『口が回らない。緊張してるんですよ、（収録が）久しぶりすぎて』――と、大橋くんはご法度の〝言い訳〟に終始してしまったんです」（同氏）

当然、岡田学園長から〝赤点生徒〟に選ばれてしまう。

『今はもう慣れましたし、ソーシャルディスタンスでスタジオ収録もしてますけど、あの頃は一人一人を繋いだリモートで、周りに誰もいなかったじゃないですか。俺のボケはメンバーたちが揃っていたり、隣にツッコミがいて成立するもので、リモートには誰よりも向いてなかったんです。
まさかそれを収録の本番で思い知らされるなんて……』

当時を振り返ってそう語った大橋和也は——

『これをいい経験として〝ボケを磨く〟』

——と言うが、そんなに心配することはない。

番組の最後で漏らした——

『一人向いてないです、やっぱり。

……さみしいです』

——のセリフこそが、この日一番、視聴者をキュンキュンさせたと大評判だったのだから。

ただし、〝ボケ〟ではまったくないけれども……(笑)。

西畑大吾

『頑張っても自分の望む結果が出ないのは、
そもそもの頑張り方が違うから。
〝まず正しい頑張り方を見つけてから頑張らなアカン〟——いうことです』

関西ジャニーズJr.のエースとして、西畑大吾が肝に銘じる
ポジティブなポリシー。

『大倉くんに言われたんです。
「失敗しても、それは挫折ちゃうねん。左折しただけやねん。
次は右、右と曲がって戻ればええやん」――って。
これまでに最高に痺れた語呂合わせです(笑)』

右、右と曲がった後は「左に曲がって元の道に戻るか、直進して別の道に進むかや」――と続いたらしい。少々わかりにくくはあるが、意外な大倉忠義からのアドバイス。

大西流星

『昔から僕らに受け継がれてるのは、
「普段から100％の力でレッスンをしている者だけが、
初めてステージに立つ資格を得る」
――っていう教えです』

関ジャニ∞がJr.の頃から、ジャニー喜多川さんから
叩き込まれたエンタテインメントの基礎。

『自分の実力よりも、少し背伸びをして頑張ってきました。
そうすれば背伸びした分を、努力で埋めないと恥ずかしいから』

関西ジャニーズJr.に入所以来、常に年少メンバーとして
注目されてきた大西流星。そんな彼が自然と身につけた、
自分なりの成長術。

道枝駿佑

『木村拓哉さんに言われました。
「駿佑は誰かの真似をするんじゃなく、
誰かに真似される男になれよ」――って。
それって、僕が唯一無二の存在に〝なれる〟と言ってくださったのと
同じですよね!?』

ドラマ『BG』の共演で、すっかり木村拓哉の魅力にハマってしまった道枝駿佑。そんな大先輩からの言葉は、彼のやる気を掻き立てた。

『共演させて頂いた役者さん、支えてくださったスタッフさんたちは、
出来る確率を計算して動くんじゃなく、
出来る可能性があれば自然と体が動いていた。
現場で学んだ〝一流の条件〟が一つずつ自分の糧になるのは、
ホンマに嬉しい』

木村拓哉以外にも一流の役者、スタッフが揃った現場は、
道枝駿佑にとって最高の体験だった。

高橋恭平

『好きなことをやってるうちは、
どんだけ厳しいことでも疲れたり、くたびれたりせえへんのよ。
なにわ男子が大好きやから(笑)』

「好きこそ物の上手なれ」ではないが、高橋恭平の中にある、
なにわ男子に対する純粋な想い。

『〝明日のことは明日考える。
今日のことはその日のうちにケリをつける〟
──それが僕の夜寝る前のリフレッシュ法ですね』

高橋恭平がいつもポジティブでいられるのは、精神面の切り替えに〝ルール〟を設けているから。

長尾謙杜

『ドラマとかで、山の中で近道を探すと、
だいたい次のシーンで滑り落ちたりするじゃないですか？
あれってスゴい教訓で、
だから僕は遠回りでも王道を進んで行きたいんです』

ドラマを見ながら教訓を得る長尾謙杜。言葉通りに、近道を探して滑り落ちることなく、信じるままに王道を進んで行って欲しい。

『あまりにも高いハードルを設定すると、
そのうちハードルの下を潜るチートな男になってしまう。
だから僕、あえて〝越えられそうな〟ハードルしか設定しないんです。
あえて(笑)』

次にどんなハードルを設定するか、それはもちろん個人の自由。長尾謙杜は高いハードルを一つ越えるよりも、続けて何台ものハードルを越える道を選んだともいえる。

藤原丈一郎

『自分にとっては〝毒〟でも、ある人にとっては〝薬〟になる。
逆に自分にとっての薬が、毒になることも。
俺はメンバー全員、誰のことも否定しないで受け止めてやりたい』

藤原丈一郎が、リーダーの大橋和也をして「アイツが陰のリーダー」と呼ばせるのは、彼のこの〝懐の深さ〟ゆえにだろう。

『挑戦し続ければ必ずいいことがある。
関西ジャニーズJr.の希望になるためにも、
俺は絶対にメジャーデビューしたいんです』

8才で関西ジャニーズJr.に入所してから16年。本人曰く「頑張ることしか出来なかった」藤原丈一郎が叶える夢は、後輩Jr.全員の希望になる。

大橋和也

『最初から成功しそうなレールに乗っかるよりも、
自分でコツコツとレールを組み立てていくほうが、
性に合ってるかもな』

関西ジャニーズJr.でのキャリアが言わせるセリフか、コツコツと実績を積み上げてきたからこそ、今の大橋和也がいる。

『真っ直ぐな道って、
見ただけで最初は「おォ〜」と思うけど、
進めば進むほど退屈で眠なるわ（苦笑）』

まるで自らの道のりを投影したかのような、大橋和也のつぶやき。
逆に言えば「眠くならない、面白い道を進んできた」という意味。
大橋和也、そして、なにわ男子がこの先進んで行くのは、果たして
どんな面白い道だろうか——。

エピローグ ～NEXTデビューの行方～

2020年8月20日、ジャニーズ事務所は『新型コロナウイルスの影響に伴うジャニーズグループ主催公演つきまして』として、年内に行う予定だった大型公演（コンサート）の中止を発表した。

―以下、公式発表より抜粋―

2020年8月20日現在における新型コロナウイルスの感染状況とそれに伴う政府及び各自治体等の方針に鑑み、すでに発表いたしております2020年12月末までの大型公演を中止することといたしました。そして、対象公演につきましては、ジャニーズネットオンラインでの映像配信による公演に切り替え、開催させていただきます。

これからもこの数か月間と同様に公演開催を諦めることなく、準備し続けることが大前提ではございますが、大型公演を開催することにより、必然的に多くの都道府県をまたぐ移動機会が発生することとなりますので、現在の感染状況等を踏まえまして、当面大型公演の開催は控えるべきと判断いたしました。

私達は年内に予定しておりました大型公演を中止することといたしますが、どのような状況であっても、本業であるエンターテイメントを通じて皆様に幸せをお届けすることが私達の目指すエンターテイメントの形であることから、映像配信による公演に切り替えてお届けすることに決めました。

タレント達が、今、最も望むことは、何よりファンの皆様にお会いし、元気と笑顔をお届けすることです。皆様がご自宅にいながらご来場いただいているかのような体験価値をお届けすることができますよう、タレントとスタッフが工夫を重ねて準備し、精一杯パフォーマンスいたします。

ぜひ、皆様にお楽しみいただきながら同じ時間を共有することができますと幸いに存じます。

2020年8月20日　ジャニーズグループ

奇しくも同日、延期されていた乃木坂46・白石麻衣の卒業コンサートも10月28日にネット配信で行われることが決まり、男女アイドル界の頂点に立つ者同士が何よりもファンの感染リスクを避けることを命題に、新しい形のエンタテインメントへと本格的に踏み出すことを決めたのだ。

「ジャニーズ事務所が年内のコンサートを中止する意味は大きく、これで他のアーティストたちも〝2020年内は政府の指針（収容人数50％以下、かつ観客5，000人が上限）を超えるライブは出来ない〟と諦めざるを得ません。ファンの皆さんは残念のひと言でしょうが、ジャニーズが3月末から4月にかけて先陣を切った配信ライブは音楽界に定着してきましたし、エンタメ界が新たな進化を遂げるため、ジャニーズ事務所がその先頭を走るのはもはや〝義務〟に等しいのです」（音楽番組ディレクター）

もちろん来年以降、従来通りのライブコンサートが開催されることを願ってはいるが、エンタテインメント界に籍を置くほとんどの人間が「最初のクラスターにはなりたくない。有料配信が商売になるならそれでもいい」と考えているのも事実なのだ。

だからこそ今、注目されるべき存在なのがHiHi Jets、美 少年、なにわ男子の3組だろう。

すでに配信ライブの経験もあり、また『ISLAND TV』『ジャニーズJr.チャンネル』を通して配信ならではのノウハウも掴みつつある彼らならば、ライブパフォーマンス+αのオリジナルコンテンツで力を発揮してくれるに違いない。

「1月22日に発売されたSnow Man vs SixTONES『D.D./Imitation Rain』は合算で累計190万枚超を売り上げ、さらにはSixTONESの2ndシングル『NAVIGATOR』は初週売上げ62.2万枚。10月7日にはSnow Manの2ndシングル『KISSIN MY LIPS/Stories』が発売されます。新型コロナ禍において、SixTONESとSnow Manの音楽ソフトが大ヒットしていることは、彼らに続く新人をメジャーデビューさせる〝弾み〟に繋がる。また明らかにジャニーズ事務所は滝沢秀明副社長の手によって若返りが図られているので、ジャニーさん時代の新人デビューとは違い、積極的にデビュー戦略が練られていると聞いています」(同音楽番組ディレクター)

さらにこれはオフレコ発言だが、滝沢氏は旧知のテレビ朝日プロデューサーにこんな想いを漏らしているという――。

『新しい才能がJr.を目指す、〝Jr.に入りたい〟と思ってくれるためには、新しいグループが次々とデビューして、形として〝夢〟を見せなきゃなりません。これまでのように10年以上Jr.に所属してもデビュー出来ない子ばかりだと、〝ジャニーズに入ってもデビュー出来ないから行きたくない〟と思って、他の事務所に逃げてしまう。

もちろん誰もがデビュー出来るわけじゃなく、勝ち抜かなければならないのは大前提でも、自分の努力次第で〝ジャニーズからデビューする〟夢を見せなきゃなりません』

このセリフが何を意味するのか、改めて説明する必要はないだろう。

ジャニーズ事務所が永遠に〝ジャニーズ事務所であり続ける〟ために、滝沢氏は伝統を継承しつつも独自路線を歩もうというのだ。

「SixTONESとSnow Manのデビューを許可したのは亡くなる前のジャニーさんでも、それから2組をデビューまで導いたのは滝沢氏です。その滝沢氏がHiHi Jets、美 少年、なにわ男子の中から〝ネクストデビュー〟を選ぶタイミングを、テレビ界ではいつも注視しています」(同氏)

果たしてその第1号になるのは……。

Jr.大賞2連覇を果たした西畑大吾率いる、なにわ男子か?

それとも那須雄登、浮所飛貴の現役東京六大学生コンビ率いる、美 少年か?

あるいはメンバー変遷を繰り返し、ようやく完成形に辿り着いた、HiHi Jetsか?

その答えは近い将来、示されることになるだろう――。

HiHi Jets
×
美 少年
×
なにわ男子

NEXTブレイク!

〔著者プロフィール〕

あぶみ瞬（あぶみ・しゅん）

長年、有名アイドル誌の専属ライターを務めた後、地下アイドルのプロデューサーとしても実績を残す。同時にアイドルのみならず、クールジャパン系の情報発信、評論家としての活動を始める。

本書では、彼の持つネットワークを通して、HiHi Jets、美少年、なにわ男子、各グループと交流のある現場スタッフを中心に取材を敢行。メンバーが語った「言葉」と、周辺スタッフから見た彼らの“素顔”を紹介している。

主な著書に『NEXT ブレイク前夜！ Snow Man × SixTONES × なにわ男子』『SixTONES ×6 ―俺たちの音色―』『Snow Man ―俺たちの歩むべき道―』（太陽出版）がある。

HiHi Jets × 美少年 × なにわ男子

NEXT ブレイク！

2020年9月26日　第1刷発行

著　者…………… あぶみ瞬
発行者…………… 籠宮啓輔
発行所…………… 太陽出版
東京都文京区本郷4－1－14　〒113-0033
電話03-3814-0471／FAX03-3814-2366
http://www.taiyoshuppan.net/

デザイン・装丁 … 宮島和幸（ケイエム・ファクトリー）
印刷・製本……… 株式会社シナノパブリッシングプレス

ISBN978-4-86723-008-4

◆ 既刊紹介 ◆

Snow Man
—俺たちの歩むべき道—

あぶみ瞬［著］ ¥1,400円+税

**『この９人から誰一人欠けることなく前に進みたい！
俺たちは“９人で Snow Man”だから——』**

**彼ら自身が語った言葉と、
側近スタッフが明かすエピソードで綴る！**

- **深澤辰哉と岩本照——２人の間に育まれた “深い絆”**
- **滝沢プロデューサー流 “ラウール育成法”**
- **渡辺翔太が心待ちにする “後輩ライバル”**
- **“心友” から向井康二へのエールと絆**
- **二宮和也との共演で芽生えた目黒蓮の夢**
- **櫻井翔が注目する阿部亮平の才能**
- **宮舘涼太が抱えていた “笑顔” の悩み**
- **佐久間大介にとっての “人生の師匠”**
- **メンバーしか知らない “リーダー岩本照の素顔”**

Snow Man vs SixTONES
—俺たちの未来へ—

あぶみ瞬［著］ ¥1,400円+税

**『何があっても俺がSnow Man を引っ張る。
それを改めて８人が認めてくれるような、
そんな男にならなければいけない』**〈岩本照〉

vs

**『メンバー６人で、誰も見たことがない景色を見てみたい。
SixTONES をそこまで高めるのが俺の役割』**〈ジェシー〉

**ユニット結成からデビューに至るまでの葛藤、
デビューまでの舞台裏と今後の戦略、
メンバー間の結束と絆——
彼らの知られざる素顔が満載！
側近スタッフしか知らないエピソード解禁 !!**

◆ 既刊紹介 ◆

NEXTブレイク前夜！
Snow Man × SixTONES × なにわ男子

あぶみ瞬［著］ ¥1,300円+税

次世代を担う超人気ユニット――
滝沢秀明プロデューサー率いる3組の知られざる素顔が満載！
NEXTブレイクを狙う超人気ユニットの情報解禁!!
初公開★エピソード満載!!

【主な収録エピソード】

<Snow Man>
★滝沢秀明プロデューサーがSnow Manに与えた“試練”
★新メンバーに対する旧Snow Manメンバーの“本音”
★新メンバーが“お披露目公演”で感じた想い
★Snow Manの“秘密兵器”ラウールが秘めた可能性

<SixTONES>
★滝沢秀明プロデューサーがSixTONESに託した“想い”
★SixTONESに灯った“希望の炎”
★“バカレア組”時代の6人
★“空白の2年間”から“輝ける未来”へ

<なにわ男子>
★なにわ男子が結成された“特別な理由”
★西畑大吾、大西流星に起きた“意識の変化”
★なにわ男子が叩きつける“挑戦状”
★なにわ男子に求められる“魅力”とは？